Julia Manly

Kreuzfahrt mit dem Kussmund

Julia Manly

DUBAI

Kreuzfahrt mit dem Kussmund in die Welt des Orients

Ein Reiseroman mit Insider-Tipps (2010/2011)

Die Bibliografische Information der Deutschen Bibliothek
Die Deutsche Bibliothek verzeichnet diese Publikation in der Deutschen Nationalbibliografie; detaillierte bibliografische Daten sind im Internet über http://dnb.ddb.de abrufbar.

Fotografien:
Julia Manly

Titelbild:
Burj Al Arab, © mit freundlicher Genehmigung von Jumeirah

Einbandgestaltung:
Graphik Studio G, Mareile Gropengießer, Paderborn
www.graphik-studio-g.de

Lektorat:
Verlagsbüro Andrea Stangl, Paderborn
www.buchverlag-stangl.de

Herstellung und Verlag:
Books on Demand GmbH, Norderstedt

ISBN 978-3-8391-0402-6

Dieses Buch möchte ich meiner wunderbaren Mutter widmen,
die mich auf dieser exotischen Reise begleitet hat.
Der Dank gilt auch meinem Vater sowie meiner Familie –
und Ihnen, liebe Leserinnen und Leser.

Inhaltsverzeichnis

Kapitel 1

Das perfekte Geschenk: Kreuzfahrt in den Orient

Ja! Wir sind infiziert! Vom *Aida* -Virus. Genau wie Ingrid es mir auf unserer ersten Reise im Herbst durch die kanarische Inselwelt prognostiziert hat. Einmal Kreuzfahrt, immer Kreuzfahrt.

»Sie werden sehen, Karina, wenn ich das Leuchten in Ihren Augen anschaue, weiß ich, dass auch Sie vom *Aida*-Virus angesteckt werden.«

Damals konnte ich diese Bemerkung noch gar nicht einordnen. Klar war die Kreuzfahrt auf der *Aida Diva* wunderschön, aber so schnell lasse ich mich nicht anstecken ... So dachte ich jedenfalls.

Inzwischen sind viele Monate vergangen, der Herbst ist schon lange vorbei, die angenehmen letzten Sonnenstrahlen, das goldfarbene Laub und die Kreuzfahrt – all das liegt Meilen hinter uns. Und doch ist die traumhafte Reise in der Erinnerung noch greifbar nah. Genau, wie ich es mir gewünscht habe. Damals, als ich in der Wellness-Oase in der Hängematte lag, schwor ich mir, mich dorthinzubeamen, sooft ich konnte. Die laue Luft, der azurblaue Himmel, die Palmen und das offene Glasdach, die leise Musik zum sanften Wiegen der Wellen, ein Ort zum Träumen und Abtauchen – so muss das Paradies sein.

Damals konnte ich noch nicht ahnen, dass mir dieser Ort in meiner Fantasie dermaßen oft zur Zuflucht werden würde. Immer wenn mir mal wieder alles über den Kopf wächst, verschwinde ich in meine Traumwelt. Erstaunlicherweise geht es meinen Kindern ähnlich, auch sie scheinen ganz und gar von diesem Schiff gefangen genommen zu sein. Immer wieder taucht im Alltag etwas von der *Aida* auf – mal ist es die mitgebrachte Trinkflasche, mal das Handtuch oder das T-Shirt oder einfach nur ein Freund, der uns nach dem letzten Urlaub fragt. Und hat man erst mal seinen Blick für eine ganz bestimmte Sache geschärft, so begegnet man diesem Etwas ständig. Sicherlich kennen Sie das Phänomen: Kaum ist man selbst schwanger, sieht man nur noch werdende Mütter. Kaum hat man das Baby, fallen einem ringsherum die zahllosen anderen Babys auf, als hätte die ganze Welt nur noch Nachwuchs.

Genauso ergeht es uns mit der *Aida*.

»Mama, komm mal schnell, im Fernsehen berichten sie gerade über Kreuzfahrten«, ruft Darian entzückt.

Unser Sohnemann befindet sich nach wie vor im äußerst reizenden Pubertätsalter von vierzehn Jahren. Seine Musikwünsche werden immer heftiger, das Internet und all die modernen Medien scheinen ihn geradezu aufzusaugen. Inzwischen nimmt seine Mutter allerdings schon des Öfteren Nachhilfe bei ihm im Gebrauch der neuesten Tricks und Kniffe des Internets.

»Da – da ist die *Aida* zu sehen! Genau da waren wir. Mama, jetzt komm endlich!«, tönt Amelie unisono mit ihrem Bruder, was eigentlich nicht allzu häufig vorkommt. Unser stolzes Töchterlein ist zwei Jahre jünger als ihr Bruder, aber nicht minder pubertierend, wie an ihrer Leidenschaft für PSP, PS2, Singstar und die neuesten Hits unschwer zu erkennen ist. Zum Glück haben die beiden getrennte Zimmer, sonst gäbe es bestimmt Mord und Totschlag. Erstaunlicherweise schwärmen sie beide mal vom selben, nämlich von diesem unglaublichen Schiff.

»Ich komme«, rufe ich aus der Küche. An meinen Händen klebt Tartar, den ich gerade im Begriff bin, zu einer Bulette zu verarbeiten. Meine Mutter hätte einen Ohnmachtsanfall bekommen, wenn sie Zeugin meiner Bemühungen gewesen wäre; ich hingegen bin ganz stolz auf mein Werk. Zugegeben, meine Buletten werden nicht ganz rund, die eine größer, die andere dafür noch etwas eckiger.

Da die Kinder mich so sehnsüchtig rufen, eile ich ins Wohnzimmer; zum Händewaschen bleibt keine Zeit. Da sitzen wir nun andächtig vor unserem Plasmabildschirm und schwelgen in Erinnerungen. In dem Bericht geht es unter anderem um den Traumjob des *Aida*-Reiseleiters. Ein junges Pärchen wird vorgestellt – sie verkauft die Tagesausflüge, er führt sie durch.

Nein!!! Das gibt es doch nicht! Ein Kameraschwenk, und da ist ER im Bild: braun gebrannter Luxuskörper, wunderschöne Augen – *mein Marcello!*

Das Herz droht mir aus dem Brustkorb zu hüpfen. Unglaublich! Wie oft habe ich die Existenz dieses Adonis verdrängt, um unsere Ehe nicht zu gefährden. Als könnte ich seinen Atem spüren, so nah ist er mir in diesen zwei Sekunden, die er über den Bildschirm huscht: Marcello, meine heimliche Liebe, meine Affäre, meine Sehnsucht während der Kanaren-Reise. Zugegeben, er war definitiv zu jung. Und es war auch die richtige Entscheidung, bei meinem Mann zu bleiben. Aber …

»Igitt, Mama! Du hast ja das ganze Sofa mit deinen Fleischhänden verschmiert. Kuck doch mal«, dabei rückt Amelie einen guten halben Meter zu ihrem Bruder und schaut mich vorwurfsvoll an.

»Was ist denn los mit dir? Du hast ja so komische rote Flecken im Gesicht. Ist was nicht in Ordnung?«, erkundigt sie sich dann besorgt.

Ich hätte in den Erdboden versinken wollen. Natürlich will ich von meinen Kindern nicht bei einem virtuellen Seitensprung ertappt werden. Und noch weniger will ich rechtfertigende Erklärungen abgeben. Diese Affäre geht nur mich was an.

Fast wie in Trance stehe ich auf und gehe in die Küche zurück, um mich den Buletten zumindest dem Anschein nach zu widmen. Der Fleischklößchenteig fühlt sich nun ganz weich an. Fast streichele ich ihn, während aus dem Wohnzimmer die entzückten Äußerungen meiner Kinder zu hören sind.

»*Da* waren wir auch. Und da. Da oben habe ich immer Fußball gespielt! Mama, weißt du eigentlich, dass in den nächsten Jahren neue Schiffe gebaut werden, die noch größer sind als die *Aida Diva*, *Bella* oder *Luna*?«, ruft Darian, während ich versuche, die unförmigen Klöpse in die Pfanne zu legen.

Sie sehen also, so eine Reise bleibt in der Erinnerung lebendig, als wäre sie nie zu Ende gegangen. In meinen Gedanken bin ich jeden Flur, jede Treppe, jede Bar und bestimmt fast jede Kabine tausendmal abgegangen. Und erst die Nacht mit Marcello auf dem FKK-Deck nach der Sauna! Die könnte glatt ins Guinessbuch der Rekorde eingetragen werden, so oft habe ich sie in Gedanken erlebt.

Inzwischen ist wieder das Einheitsgrau des Winters über Deutschland sichtbar, mal schmuddeliger Regen, mal Eiseskälte. Nur selten lässt sich die heiß ersehnte Sonne blicken. Der Terminkalender ist randvoll mit allen möglichen Events: Weihnachtsessen mit den Kollegen aus der Redaktion, für die ich arbeite, Familiengeburtstage, Kongresse meines Mannes, Elternsprechtage in der Schule der Kinder, Reifenwechsel der Autos und Unzähliges mehr. Der Alltag hat uns wieder fest im Griff und lässt uns viel zu wenig Zeit für die schönen Dinge des Lebens.

Wen wundert es, dass des Nachts die Sehnsüchte ein reges Eigenleben entfalten? Da ist es wieder, dieses warme Kribbeln im Bauch, die Sonnenstrahlen, der azurblaue Himmel, der Duft der Meeresbrise, der Wind in meinen langen blonden Haaren, dieses Gefühl der Freiheit und des Schwebens. Titanic-Feeling pur. Ich stehe auf dem vierzehnten Deck mit einem Cocktail in der Hand an der Reling, und mein Blick schweift über das endlose dunkle Meer. Ein muskulöser Arm umfasst sanft meine Hüfte, und eine verführerische männliche Stimme flüstert mir ins Ohr:

»Kommst du nun nach Dubai? Ich werde dort sein und auf dich warten …«

Jäh werde ich aus meinen herrlichen Träumen gerissen, als der Wecker schon wieder viel zu früh klingelt. Beim schlaftrunkenen Gang ins Badezimmer spüre ich noch immer den Zauber des Traums.

Dubai! Ja, richtig. Mein Gott, wie habe ich das vergessen können. Habe ich mich damals bei der Verabschiedung auf unserer *Aida*-Reise in die kanarische Inselwelt nicht verabredet? Welch eine absurde Idee! Marcello hat mir ein Date mit ihm in Dubai angeboten und ich habe mich nicht nein sagen hören. Der Zettel mit der Handynummer – er hat sie mir auf einen kleinen, blauen Papierfetzen geschrieben. Wo hab ich den eigentlich?

Schnurstracks führt mich mein Weg runter in den Keller, wo alle Reiseunterlagen der Urlaube in einem Regal gesammelt werden. Unser zweites Büro und Chill-out-Zimmer, um in alten Erinnerungen und Urlaubsfotos zu schwelgen. Irgendwo muss doch der *Aida*-Ordner sein, ich habe ihn doch extra in das dritte Regalfach gestellt, damit ich leicht drankomme. Aber da sind nur Skifahr-Infos und Unterlagen zu Wohnmobilurlauben zu finden. Gleich verdächtige ich meinen Sohnemann, der sich schon so manchen Katalog unter den Nagel gerissen hat. Diese heiße Spur führt mich direkt ins Jugendzimmer. Ein Chaos aus Kleiderbergen, Fußbällen, Kabelgewirr, Laptop und sonstigen elektronischen Geräten, von denen ich zum Teil nicht mal die Bezeichnungen kenne, empfängt mich hier. Trotz des Wirrwarrs entdecke ich in der letzten Ecke neben der Balkontür die gesuchte *Aida*-Tüte. Sogleich forste ich den Inhalt durch, mit Herzpochen und feuchten Händen. Ich vergesse Zeit und Raum, während ich mich in die Fotos und Reiseinformationen vertiefe und wieder in diese herrliche Kreuzfahrtwelt abtauche. Aber keine Spur von diesem blauen Zettel, den mir Marcello bei der Abreise überreicht hat. Nach dreimaliger Durchsicht gebe ich es auf. Zu dumm, dass ich ihm damals *meine* Handynummer nicht gegeben habe. Wie hätte ich auch ahnen können, dass ich tatsächlich mit dem Gedanken an ein Wiedersehen liebäugeln würde? Und sein Nachname? Fehlanzeige. Aber ohne Nachname sind die Recherchemöglichkeiten gleich null.

Oder … Moment mal! Vielleicht können ja die Angestellten der *Aida* im *Call 4 Cruise Center* mir weiterhelfen!

»Guten Tag, hier spricht Nina von der *Aida Cruise*, was kann ich für Sie tun?«

Jetzt muss ich schnell fragen, bevor mich mein Mut wieder verlässt.

»Ähm … ich weiß nicht, ob Sie mir weiterhelfen können, aber ich bin auf der Suche nach einer bestimmten Person, die auf einer Kreuzfahrt mitgereist ist.«

»Oh, das wird schwierig. Wir dürfen aus Datenschutzgründen leider keine Informationen über Passagiere herausgeben«, antwortet die freundliche Stimme.

»Das habe ich mir schon gedacht. Aber es handelt sich gar nicht um einen Passagier, sondern um einen Mitarbeiter.«

Ich kann doch nicht diesem jungen Ding am Telefon erzählen, dass ich auf der Suche nach meinem Lover bin, mit dem ich eine halbe Nacht verbracht habe und mich nun in Dubai treffen will! Die würde mich doch für völlig durchgeknallt halten. Zu Recht! Selbst wenn sie nicht weiß, dass es sich bei mir um eine Mittvierzigerin handelt, verheiratet, mit zwei Kindern, bestimmt zwanzig Kilo Übergewicht und schon deutlichen Gebrauchsspuren.

»Für Mitarbeiter gelten leider die gleichen Datenschutzbestimmungen, ich fürchte, da kann ich Ihnen leider nicht weiterhelfen«, höre ich Nina sagen.

Nur nicht gleich aufgeben, denke ich. »Aber vielleicht

können Sie mir sagen, ob ein gewisser Marcello, der die Radtouren auf der Kanarenrundreise begleitet hat, weiterhin für *Aida* arbeitet, und vielleicht haben Sie ja auch den Nachnamen dieses Mitarbeiters?«

»Wissen Sie, wir haben mehr als dreitausend Mitarbeiter, und wie bereits erwähnt, dürfen wir Ihnen – «

Schon unterbreche ich sie: »… keine weiteren Auskünfte erteilen.«

Nina auf der anderen Seite der Leitung scheint meine Resignation zu spüren, denn sie erkundigt sich in weniger geschäftsmäßigem Ton: »Hat Ihnen denn die Reise zu den Kanaren gefallen und möchten Sie mal wieder eine Kreuzfahrt mit uns unternehmen?«

Welch eine Frage! Nichts lieber als das! Und zwar gleich … und bitte schön auch mit meinem Date Marcello!

»Hallo, sind Sie noch dran?«

»Ja, ja natürlich! Und lieber heute als morgen …«

»Wohin möchten Sie denn gerne?«

Eins muss man ihr lassen, sie hat Verkaufstalent, die Nina.

»Am liebsten in den Orient, nach Dubai«, höre ich mich sagen.

»Ja, das ist auch eine ganz besonders schöne Tour. Sie startet im Dezember und wird über Weihnachten und Neujahr bis zum März angeboten. Eine ideale Zeit, dem kalten, nassen Winter in Deutschland zu entfliehen. Die Tour ist sehr begehrt, aber noch gibt es freie Kabinen. Und die Schiffe der *Aida*-Flotte kennen Sie ja bereits, die sind alle empfehlenswert.«

»Sie sind umwerfend schön«, seufze ich.

»Na, Sie klingen ja schon richtig melancholisch.« Nina lacht. »Die Reiseroute wird in Dubai starten, über Muscat, den Oman führen, weiter nach Abu Dhabi und Bahrain und wieder zurück nach Dubai. Sie werden einen Einblick in das Leben und die Exotik des Orients erhalten. Ein einmaliges Erlebnis, wie uns unsere Gäste nach der Rückkehr immer wieder versichern. Die Anreise ist recht kurz, nur sechs Stunden, und schon tauchen Sie ein in eine ganz andere Welt. Im Moment haben wir noch einige günstige Last-Minute-Angebote für die Restkabinen Anfang Dezember. Überlegen Sie es sich. Sie werden es ganz bestimmt nicht bereuen!«

Ich kann mir nicht helfen: Sie hat mir einen Floh ins Ohr gesetzt. Am liebsten würde ich gleich meine Koffer packen und losziehen. Während des monotonen Staubsaugens im Erdgeschoss unseres Hauses geht mir dieser Gedanke nicht mehr aus dem Kopf. Fast hätte ich das Klingeln des Telefons überhört.

»Hallo, Karina. Ich bin es, dein Vater. Na, wie geht es dir?«

»Och, ganz gut soweit. Was gibt es Neues bei euch?«

»Nun ja, du weißt doch, dass deine Mutter demnächst siebzig wird. Verzweifelt suchen wir nach einem passenden Geschenk. Wie immer will sie ja nichts. Vielleicht hast du ja eine Idee? Du kennst die geheimen Wünsche deiner Mutter wahrscheinlich am besten.«

Als würde ich in dieser Sekunde vom Blitz getroffen, fühle ich einen Stromschlag durch meinen Körper zischen. Natürlich! Warum ist mir das nicht schon viel früher eingefallen?

Aufgeregt stammle ich ins Telefon: »Papa. Ich habe eine super Idee. Das wird deine Frau mit Sicherheit riesig freuen. Ich rufe dich später zurück, wenn ich alles geklärt habe.«

»Halt, was denn für eine Idee?«

»Lass dich überraschen. Bis später!«

Sofort wähle ich die Nummer von der *Aida* und habe prompt wieder Nina am Apparat.

»Ja, hallo, hier ist noch mal Karina. Wir hatten vorhin telefoniert, bezüglich der Dubai-Reise, Sie erinnern sich?«

»Aber ja. Was darf ich für Sie tun?«

»Können Sie mir konkret sagen, was noch Anfang Dezember an Kabinen frei wäre und was das kostet?«

Ich höre eine Tastatur klackern. »Die Außenkabinen sind

bereits alle ausgebucht«, klärt mich Nina wenige Sekunden später auf. »Aber ich kann Ihnen noch eine Innenkabine anbieten, zu einem sensationellen Preis.«

Da muss ich nicht lange überlegen. »Bitte blocken Sie mir diese Innenkabine bis morgen Vormittag. Ich muss nur noch den richtigen Reisepartner finden und bei meiner Familie Urlaub beantragen. Dafür dürften vierundzwanzig Stunden reichen.«

In solchen Angelegenheiten war ich schon immer ein Meister. Spontan und entschlussfreudig.

Gleich recherchiere ich nach passenden Flügen und freien Hotels. Schließlich sollte man vor und nach der Kreuzfahrt noch einige Tage in Dubai verweilen. Hurra, es gibt noch passende Flüge! Und die Hotels dürften auch kein Problem sein.

Am Abend rufe ich meinen Vater zurück und erkläre ihm mein Vorhaben.

»Papa, du kannst sie ja für den Flug einladen. Ich übernehme auf alle Fälle die Kosten für das Schiff. Mama wollte schon immer mal in diesen Teil unserer Erde. Na, hast du nicht Lust mitzukommen?«

»Nee, lass mal lieber. Du weißt doch, ich hasse lange Flüge. Macht ihr mal eine schöne Frauenreise. Was sagt denn deine Familie dazu?«

»Die weiß noch von nichts.«

»Sag Florian, er kann in Sachen Kinderbetreuung jederzeit auf mich zählen.«

»Super, Papa. Du bist ein Schatz!«

Fröhlich gelaunt verrichte ich pfeifend die restliche Hausarbeit wie mit Zauberhand.

Am Abend wird dann alles am Tisch diskutiert. Zu meinem Erstaunen sind alle inklusive Florian mit meiner Idee einverstanden.

In dieser Nacht träume ich noch intensiver von der Schiffsreise, und beim Erwachen scheint der Traum zum Greifen nahe.

Natürlich gilt mein erster Anruf meiner Mutter Ines.

»Kind, was hast du mit mir vor? So weit zu verreisen, noch dazu auf dieses Traumschiff. Ich bin fast *siebzig*!« Ich höre meine Mutter ins Telefon schnauben.

»Genau deshalb! Noch bist du fit und jung. In zehn Jahren ist so eine Reise sicherlich noch anstrengender.«

Pause. Dann: »Wahrscheinlich hast du Recht. Wann soll es losgehen?«

»In vierzehn Tagen. Heißt das, du bist dabei?«

»Na ja, es ist ganz schön kurzfristig. Aber wann habe ich in meinem Leben nochmals solch eine Chance?«

Ich wusste es. Meine Mama ist einfach klasse und super spontan obendrein!

Nach etwa dreißig weiteren Minuten steht fest, dass sie sich über dieses tolle Geschenk riesig freut.

Die verbleibenden vierzehn Tage vergehen wie im Flug. Alles muss organisiert werden: der Job, die Kinder, Vater und Ehemann sowie die letzten Details für die Reise selbst.

Nur noch zwei Tage bis zur Abreise. Der Blick aus dem Fenster verdoppelt das Fernweh. Inzwischen hat Schneetreiben eingesetzt, doch statt romantischen weißen Glitzerns nur graues, trübes Schmuddelwetter. Kein Wunder, dass die Sehnsucht nach Sonne und Wärme so viele Deutsche in den Süden treibt. Wahre Fluchtwellen von Rentnern und jungen Familien, die sich auf einen Trip nach Südspanien, Afrika oder Florida freuen. Aber auch Indien, Neuseeland und Australien stehen hoch im Kurs, und nicht zuletzt das faszinierende Dubai.

Schauermeldungen huschen tagtäglich über den Fernseher, und die Nachrichtensprecher schauen schon ganz mitleidig, wenn wieder vom DAX-Absturz die Rede ist. Wirtschaftskrise, wohin man schaut. Dennoch scheinen sich viele noch etwas zu gönnen – gut so! Leben Sie Ihren Traum – das nächste

Hoch kommt bestimmt, auch wenn im Moment noch keiner sagen kann, wann.

Wirtschaftskrise hin oder her, ich habe hier meine eigene kleine Krise zu bewältigen. Was soll um Himmels willen nur alles in den Koffer rein? Ein Blick auf die bereits aussortierten Klamotten, die sich über den kompletten Schlafzimmerboden verteilen, lässt mich tief durchschnaufen … das passt niemals in diesen Koffer!

»Mama, das alles willst du mitnehmen? Ich dachte, du wärst in vierzehn Tagen schon wieder da.«

Amelie hüpft einbeinig und sichtlich gut gelaunt um die Wäschestapel herum.

Sie hat ja irgendwie Recht. Dann muss eben die hellblaue Bluse raus, dazu die gleichfarbige Hose sowie die Weste. Und bei erwarteten siebenundzwanzig Grad brauche ich wohl auch meinen Lieblings-Cashmerepulli nicht und auch nicht die gefütterte Jacke. Doch trotz heftigen Aussortierens bleiben immer noch viel zu viele Kleidungsstücke übrig, und dabei müssen noch eine Menge andere Sachen mit, die noch gar nicht gerichtet sind: Reiseführer, Handy, Laptop, Schuhe und, und, und …

Da ich mich nicht entscheiden kann, was nun alles hier bleiben soll, greife ich zum Telefonhörer, in der Hoffnung, von meiner Mutter Ratschläge zu erhalten.

»Hallo Ines, na, wie sieht's aus bei dir?«

Meine Mutter klingt hörbar deprimiert. »Ach, ich komme gerade gar nicht weiter. Ich bin beim Packen und mein Koffer ist eindeutig zu klein.«

Na, irgendwoher kommt mir das doch sehr bekannt vor.

»Sag mal, wie viel Gepäck dürfen wir eigentlich mitnehmen?«, erkundigt sich Ines.

»Zwanzig Kilo pro Person.«

»Ach du dickes Ei! Waren das nicht mal dreißig Kilo? Und ich dachte, ich bräuchte einen größeren Koffer, dabei hab ich jetzt schon Übergepäck!«, ruft meine Mutter entsetzt aus.

Ich beschließe kurzerhand einen Schlachtplan.

»Hör mal, Ines, lass uns doch einfach absprechen, was jeder mitnimmt: du das Shampoo, ich das Duschgel und den Föhn und so weiter … dann müsste es gehen.«

»Okay, wenn du meinst. Trotzdem möchte ich gerne meinen beigen Hosenanzug mitnehmen, dazu brauche ich dann aber die passenden Pumps und die Handtasche von *Bree* – die schwarze passt unmöglich dazu.«

Ja, ja, meine Mutter und ihre Handtaschen! Zu jedem Paar Schuhe muss die passende Tasche her. Da platzt schnell jeder Schrank und eben jetzt auch der Koffer aus allen Nähten.

Nach weiteren zwei Stunden des Aussortierens, bei dem mir Amelie hilfreich zur Seite steht, haben wir endlich den Inhalt und das Packmaß aufeinander abgestimmt.

Morgen wird sich zeigen, ob er auch wirklich zugeht, dieser verdammte Kofferdeckel.

In der Nacht vor dem Abflug ist man immer so aufgeregt, dass man einerseits todmüde ins Bett fällt, andererseits nach kurzem Einschlafen wieder aufwacht und einfach nicht mehr weiterschlafen kann. Tausend Gedanken surren wie ein Bienenschwarm im Kopf herum. Man wälzt sich von der einen Bettkante zur anderen und wieder zurück. Die Minuten dehnen sich zu Stunden, der Wecker scheint ständig stehen zu bleiben. Dabei wünscht man sich nur eins: endlich einschlafen zu können. Stattdessen steht man am nächsten Morgen vollkommen gerädert mit dunklen Augenringen vorm Spiegel und möchte am liebsten vor sich selbst weglaufen. Um sechs Uhr reißt mich dann der Wecker jäh aus dem Schlaf – nanu, bin ich tatsächlich doch noch eingeschlafen?

Die Kinder müssen zur Schule und mein Mann zur Arbeit.

»Oh Mama, du siehst aber schrecklich aus heute Morgen, geht's dir nicht gut?« Darian schaut mich ganz mitleidig an. »Bist du so traurig, dass wir nicht mitfahren? Eigentlich müssten *wir* ja den Kopf hängen lassen. *Du* sitzt nachher im Flugzeug und bist heute Abend schon im warmen Dubai, während wir uns hier den Hintern abfrieren.«

»Genau, Darian hat Recht. Das ist voll gemein. Das nächste Mal wollen wir aber wieder mitfahren, das war so schön im Herbst. Versprochen, Mama?« Amelie setzt ihr bezauberndstes Lächeln auf, das mit dem süßen Grübchen in der Wange.

»Mal sehen«, erwidere ich gähnend.

»Bringst du uns was mit?«, wirft Darian gleich ein, und Amelie greift natürlich sofort das Stichwort auf. »Oh ja, was von dem tollen Hotel, das aussieht wie ein Schiff. Das soll sogar einen eigenen Hubschrauberlandeplatz haben.«

»Ach Schatz, da komme ich diesmal doch gar nicht hin. Aber ich finde bestimmt etwas Schönes für euch.«

»Amelie, beeil dich, sonst verpassen wir noch den Bus!«, ruft Darian, der schon an der Haustür ist. »Mama, wir haben dich ganz doll lieb und vermissen dich jetzt schon. Mach dir eine schöne Zeit und grüße die *Aida* von uns. Tschüss und Kuss!«

Schon schnappt die Haustür ins Schloss und die Kinder sind weg.

Wehmütig schaue ich ihnen durchs Flurfenster hinterher. Wie groß sie schon wieder geworden sind seit letztem Jahr.

»Hallo, ich bin noch da!«, ertönt eine Stimme aus der Küche. Florian hat mir schon eine Tasse Kaffee eingeschenkt, um die letzten zehn Minuten mit mir zu genießen, bevor dann auch er das Haus verlassen muss. »Komm, setz dich zu mir, das kann ich in den nächsten vierzehn Tagen nicht mehr sagen. Ist denn eigentlich alles so weit vororganisiert mit den Kids?«

Das ist ja so ganz typisch für meinen Mann, fünf Minuten vor der Abreise so was zu fragen. Na, er wird schon sehen, was alles auf ihn zukommt: Fahrdienste zu den Fußballspielen und zum Training, zum Hip-Hop-Tanzen, Aufführungen, Elternabende, von der Schule abholen, Freundinnen und Freunde umherkutschieren … Eben zwei ganz normale Wochen.

»Das schaffst du schon, Schatz. Die Kinder sind ja inzwischen auch schon groß, und wenn euch die Spaghettis aus den Ohren herauskommen, könnt ihr ja mal in den Kochbüchern nach Alternativen suchen. Bevor ihr aber verhungert, geht bitte ins Restaurant.«

»Wie fürsorglich von dir. Wir werden es schon überleben. Genieße die Zeit mit deiner Mutter. Und bleib mir treu!«

Er drückt mir einen dicken Abschiedskuss auf die Wange, und dann hat auch er das Haus verlassen.

Die plötzliche Stille lässt mich frösteln. Es ist schon ein eigenartiges Gefühl, so ohne die Familie zu verreisen.

Kapitel 2

Dubai, wir kommen!

Der Flug verläuft ruhig, wenn auch beengend, denn die Bestuhlung scheint für eine Ladung Magermodels vorgesehen zu sein, aber ganz bestimmt nicht für normalgewichtige Menschen wie unsere Reisegruppe. Wie Sardinen in der Büchse überstehen wir die sechseinhalb Stunden Flug und erreichen in der späten Nacht die »magische« Stadt Dubai. Schon der Blick aus dem Fenster über das Lichtermeer lässt die große Ausdehnung dieses Ortes erahnen. Die Sicht auf *The Palm* und *The World* ist uns leider nicht gegönnt. Doch bleibt das Staunen nicht aus beim Anblick des höchsten Wolkenkratzers der Welt, dem *Burj Dubai*, der wie eine Haarnadel filigran in die Höhe sticht. Auf den oberen Etagen muss man sich wie über den Wolken fühlen, abgehoben vom irdischen Dasein und fern aller weltlichen Probleme.

Mit einem jähen Ruck hat uns die Erde wieder. Halb in Trance setzen wir unseren Fuß auf arabisches Land, in dem uns ein lauer Wind willkommen heißt.

Mit dem Taxi geht's in rasender Geschwindigkeit ins Stadthotel in den Ortsteil Deira.

»Welcome Miss, in Dubai. We hope you will enjoy your holiday«, so werden wir vom indischen Personal begrüßt. Zu müde zum Erkunden unserer neuen Umgebung, fallen wir in unsere Zwei-Meter-Betten und schlafen sofort ein.

»Hey, Karina, wach auf, es ist schon 10.30 Uhr, und ich fühl mich richtig gerädert.«

Mit diesen Worten reißt mich meine Mutter aus dem Schlaf.

Im ersten Moment kann ich gar nicht zuordnen, wo wir überhaupt sind. Der Versuch, das Fenster des Hotelzimmers zu öffnen, scheitert kläglich, sodass sich im klimatisierten

Zimmer die Außentemperatur nur erahnen lässt. Aber der Blick in den Himmel verheißt Gutes: ein wolkenloses, unendliches Blau.

»Komm, lass uns frühstücken, solange wir noch was bekommen«, rufe ich meiner Mutter ins Bad hinterher.

Im Frühstücksraum des *Mezzano Floors*, einer Zwischenetage zwischen der ersten und der zweiten, wo sich in den arabischen Ländern fast alle Restaurants befinden, treffen wir auf ein multikulturelles Publikum aus Iranern, Engländern, Pakistani, Indern und Deutschen, zum Teil Urlauber und zum Teil Geschäftsreisende. Aufmerksam eilt die indische Bedienung mit einem breiten Lächeln herbei und schenkt uns eine braune Brühe ein, die uns kein bisschen an Kaffee erinnert, bestenfalls an dessen Farbe. Unter all den uns unbekannten Gerichten stellen wir fürs Erste einen Teller aus Bohnenkompott, ungetoastetem Weißbrot und ein wenig Ziegenkäse mit Tomaten zusammen.

Mittels eines Stadtplans, der nur noch in Kopie an der Rezeption vorliegt, wollen wir uns orientieren. Das mit der Kopie hat seinen Grund: Viel zu schnell ändern sich hier die Straßennamen und Stadtteile, wozu also so viele Pläne drucken, wenn sie morgen sowieso schon veraltet sind? In einigen Karten sind schon geplante Projekte mit eingezeichnet – drei Jahre im Voraus und ohne einen Hinweis wie »projektiert«.

Draußen empfangen uns ein lauer Wind, angenehme fünfundzwanzig Grad und ein ohrenbetäubender Lärm, dessen Ursache wir an der nächsten Kurve schnell entdecken: eine sechsspurige Autostraße quer durch die Stadt mit rasenden und gleichzeitig hupenden Autos, die kein Wort der Kommunikation zulassen.

Heute möchten wir die sogenannte Altstadt erkunden. Na ja, der Name ist für europäische Verhältnisse nicht gerade realitätsgetreu gewählt, findet sich hier doch kaum ein Gebäude, das älter als dreißig Jahre ist. Denn vor dieser Zeit standen nur einfache Hütten und Zelte an den endlosen Wüstenstränden. Kaum vorstellbar, wenn man heute aus dem Hotelfenster schaut und Hochhäuser erblickt, so weit das Auge reicht. Sechsspurig verläuft die Straße am *Clocktower*, das Gehupe ist unüberhörbar und durchdringt das Labyrinth der Straßen. Die *Sheikh Zayed Road* als Prachtstraße durchzieht die komplette Stadt, im Verein mit dem *Creek*, einem Meeresarm, der die Stadt in zwei Hälften teilt.

»Mal sehen, ob wir den berühmten Goldsouk finden. Würde mir gerne eine Erinnerung kaufen. Das Gold soll ja hier besonders günstig sein«, ruft mir Ines zu, während wir versuchen, uns auf dem kopierten Stadtplan zurechtzufinden.

»Da müssen wir aber 'ne ganz schöne Strecke laufen. Oder sollen wir doch ein Taxi nehmen?«

»Nein, lass uns die Stadt erst mal zu Fuß erkunden. Wenn wir nicht mehr laufen können, gibt es ja immer noch Taxen.«

Dieser resoluten Art meiner Mama ist besser nicht zu widersprechen, und so laufen wir los, stellen aber sehr bald fest, dass außer uns kein einziger Fußgänger unterwegs ist. Das ist hier völlig unüblich, weshalb es auch kaum Bürgersteige oder Radwege gibt. Unser erster Weg führt uns zum *Creek*, wo sich die Holzschiffe, die sogenannten *Dhows*, befinden. Schon seit Jahrhunderten werden die Holzboote nach diesem Modell mit rundem Bug gebaut, das sich in zahlreichen modernen Gebäuden wie beispielsweise der *Bank of Dubai* widerspiegelt.

»Im Reiseführer steht, dass man hier eine romantische Dinnerfahrt bei Sonnenuntergang unternehmen kann. Na, wäre das nichts für uns?«, frage ich.

»Bestimmt, aber lass uns erst mal zum Goldsouk, und heute Abend haben wir doch eh schon eine Verabredung.«

»Verabredung?«, frage ich überrascht. »Du hast ein *date*? Na, das geht ja schon gut los! Hast du Papa davon was erzählt?«

Ines lächelt. »Nicht, was *du* denkst. Du kennst doch noch unsere ehemaligen Nachbarn, die Hermanns. Deren Sohn lebt schon seit fünf Jahren hier, und mit dem hab ich mich heute Abend verabredet.«

»Ach, der Lars? Der lebt jetzt hier? Wusste ich gar nicht. Und wie geht es ihm?«

»Das werden wir heute Abend erfahren. Aber nach Aussage seiner Eltern ganz gut. Frau Hermann hat mir auch ein Geschenk für ihn und seine Frau mitgegeben.«

»Tja dann müssen wir unsere Dhow-Fahrt eben verschieben«, antworte ich.

Zu Hunderten liegen die Boote im *Creek* und werden mit riesigen Kartons beladen. Auf einigen lässt sich die Aufschrift erkennen: Fernseher aus Taiwan, Kochgeschirr, Gläser, Küchenmaschinen, Waren aller Art werden hier verschifft und landen wahrscheinlich auch in großen Mengen in Europa und sicherlich auch in Deutschland. Hunderte von Indern, Bangladeschi, Pakistani und weiß Gott woher die Arbeiter noch überall kommen schleppen die Kartons. Hier gibt es noch so viel Handarbeit zu leisten. Kaum vorstellbar, unter welchen Bedingungen die Leute im Sommer bei Außentemperaturen von über fünfzig Grad arbeiten. Die einheimische Bevölkerung wird von solch niedrigen Tätigkeiten natürlich verschont.

Beim Vorbeigehen ernten wir von den Arbeitern viele neugierige Blicke, was in uns ein gewisses Unbehagen hervorruft und uns schneller gehen lässt. Entlang des *Creek* führt eine schöne neue Promenade, die erst vor zwei Jahren angelegt wurde. Hier prallen die Welten aufeinander: armselige *Dhows*, beladen mit unzähligen Containern, die von den einfachen Arbeitern bewacht werden, Wassertaxen, die die arbeitende Bevölkerung auf die andere Uferseite transportieren, und am Ufer des *Creek* hochmoderne Wolkenkratzer, Hotels, Geschäftsgebäude und Wohnungen mit glitzernden Glasfassaden.

Wir verlassen nach zirka einer Stunde den Fluss und tauchen ein in die verheißungsvolle Welt des Goldes, den *Gold-*

souk. Unzählige Geschäfte mit glitzerndem Goldschmuck säumen die kleinen Straßen des *Souks*. Inzwischen steht an fast jedem Geschäft: *Wir sprechen Deutsch. Aida-Gäste herzlich willkommen.* Allzu viele Gäste tummeln sich aber nicht in den luxuriösen Geschäften, die meisten kleben mit der Nase an den Schaufenstern und suchen vergebens nach Preisschildern.

»Schau mal, das ist aber ein reizendes Collier, lass uns mal reingehen.« Und ehe ich mich besinnen kann, zieht mich Ines in das Schmuckgeschäft.

»Hello, what can I do for you?«, begrüßt uns der Verkäufer. Wie überall steht auch hier ein Inder hinter dem Verkaufstresen, während der Inhaber meist ein Einheimischer ist.

»Sprechen Sie auch Deutsch?«, fragt meine Mutter.

»Sorry, Miss?«

Der deutschsprachige Mitarbeiter hat heute Mittag frei, erfahren wir. Das hübsche Collier wird mit Handschuhen aus der Auslage geholt und dann vor unseren Augen auf die Waage gelegt. Der Verkäufer tippt wie wild Zahlen in den Taschenrechner und zeigt uns dann den Betrag im Display.

»Sag mal, Karina, kannst du mit dieser Zahl etwas anfangen?«

»Is this the price in Euro?«, frage ich erstaunt.

»Oh no, Miss. This is in Dirham. I show you in Euro immediately«, und schon tippt er wieder eine Unmenge von Zahlen ein. Neugierig begutachtet Ines das Ergebnis.

»Karina, siehst du auch, was ich sehe? Zwölftausenddreihundertachtzig – oder soll das eintausendzweihundertachtzig sein?« Dabei dreht und wendet sie den Taschenrechner in alle Richtungen und hält ihn mir zur Kontrolle direkt vor die Nase. Auch ich kann die Zahl nicht richtig entziffern. Hat sie nun einen Punkt oder nicht? Skeptisch frage ich nach.

»Of course, twelvethousand. This is a very special and exclusive collier with real diamonds«, antwortet der Verkäufer mit einem breiten Lächeln.

Ines hatte schon immer ein Faible für die teuersten Sachen, aber in dieser Preiskategorie brauchen wir das Verhandeln nicht einmal zu beginnen. Blitzschnell erkennt unser Inder, dass wir an diesem Geschäft nicht interessiert sind, und versucht uns sofort eine etwas günstigere Variante vorzustellen.

»This is also a very nice collier and costs only half of the price.«

Aber damit kann er Ines absolut nicht begeistern. Also startet er eine weitere Offensive: *»Okay, how much do you want to pay for the first collier? I will give you a special price.«*

Ach so, auch in diesen Geschäften muss also gehandelt werden, was das Zeug hält, Goldwaage und Taschenrechner hin oder her, Feilschen ist auch hier angesagt. Noch zu überrascht von dem plötzlichen Verhandlungsangebot, schauen wir uns nur sprachlos an. Keine Ahnung, welcher Preis angemessen ist. Keine Ahnung, um wie viel er uns betrügen wollte. In Deutschland sieht man eben schon im Schaufenster, was einen da preislich erwartet. Und schon vor Betreten des Juweliergeschäftes hat man ganz unbewusst das Preisgefüge mit dem »Haben wollen«-Gefüge abgecheckt. Geradezu unvorstellbar, beim Juwelier zu sitzen, nach der Auswahl des Schmuckstückes dann die Frage abzuwarten: »Gefällt Ihnen das Collier? Wie viel möchten Sie denn gerne dafür bezahlen?« Aber wir sind nun mal nicht in Deutschland, sondern in Dubai, und hier herrscht eine andere Kultur. Preisverhandlungen werden hier überall geführt, bis auf die Supermärkte.

»So I give you a very special price, because you are a very special guest. Only ninethousand.«

»Hoppla, von zwölftausend auf neuntausend in gerade mal zehn Minuten. Mal gespannt, was er uns in einer halben Stunde anbietet«, raunt mir Ines zu.

»Was willst du ihm denn anbieten? Möchtest du hier wirklich ein Collier kaufen?«, frage ich zweifelnd.

»Grundsätzlich würde ich mir sehr gerne ein Andenken aus Dubai mitnehmen, und Gold ist hier ja laut unseren Reiseführern wesentlich billiger, aber ich werde bestimmt nicht im erstbesten Laden neuntausend Euro ausgeben, ohne mich zuvor genauestens informiert zu haben.«

Unser Verkäufer erahnt offensichtlich den Inhalt unserer Diskussion und startet eine weitere Offensive.

»Okay, I see this is still too expensive for you – I give you now my last price: only seventhousandfivehundred. But this is really a very good price.«

Um sein sensationelles Angebot zu unterstreichen, hält er das wirklich hübsche Collier unter die Tischlampe und lässt es verführerisch durch seine weiß behandschuhten Hände gleiten.

»Komm, lass uns jetzt gehen, Karina, sonst wird das alles hier noch peinlich. So viel Geld will ich nicht ausgeben, und das Vertrauen in die Preise und den Schmuck hab ich eh schon verloren. Ich wollte ja eigentlich nur mal wissen, in welchen Preislagen sich das alles so befindet. Wenn die draußen im Schaufenster den Preis ausgeschrieben hätten, wäre ich erst gar nicht in diesen Laden rein.«

»Ja siehst du, das ist ja genau die Verkaufstaktik. So kommen die Käufer erst mal rein. Hier brauchst du eben Zeit, wenn du etwas kaufen möchtest, und viel Geduld und Vorwissen.«

»Und wie kommen wir jetzt aus dieser Nummer wieder raus?«

»*Du* hast uns doch in diese Situation gebracht. Ich sag ihm einfach, dass wir noch darüber nachdenken, okay?«

Und dann antwortet er plötzlich in gebrochenem Deutsch: »Meine Damen, das ist wirklich ein gutes Angebot. Okay, sechstausend Euro, aber nix weniger.«

Wir sind platt. Hat er uns etwa schon die ganze Zeit verstanden? Inder sind wirklich sehr geschäftstüchtig, das ist ja bekannt. Wir fühlen uns überrumpelt und wollen nun aus der Situation heraus, weshalb Ines kurzerhand die Preisverhandlungen beendet: »Vielen Dank für Ihre Mühe. Das ist uns aber viel zu teuer. Auf Wiedersehen.«

»Einen Moment noch …«, ruft uns der Verkäufer hinterher. Doch das Weitere hören wir nicht mehr, da mich Ines blitzschnell aus dem Juweliergeschäft gezogen hat und wir uns wenige Sekunden später wieder auf der Straße befinden.

»So habe ich mir das nicht vorgestellt. Wir sind doch nicht in der Türkei oder in Ägypten. Das sind doch ordentliche Geschäfte! So schnell kriegt mich da niemand mehr rein«, empört sich Ines beim weiteren Schaufensterbummel. Von einer wiederholten Preisanfrage sehen wir ab und begnügen uns damit, die ausgestellte Ware von außen zu betrachten.

Viele Goldgeschäfte haben sich inzwischen auf den europäischen Geschmack eingestellt und bieten auch Weißgold an. In den arabischen Ländern wird vornehmlich Gelbgold verkauft, ein Farbton, der in unseren Breiten jedoch nicht dem durchschnittlichen Geschmack entspricht. Schon durch die Auslagen in den Schaufenstern wird somit die jeweilige Käuferschicht angesprochen – die eher arabische oder die eher europäische.

Nach all diesen Erlebnissen knurrt uns der Magen, sodass wir uns nach einem Café umsehen. Aber weit und breit ist keins zu entdecken. Nur Fastfoodketten und äußerst schäbige Imbissbuden sind in diesem Stadtteil zu finden, weshalb wir uns kurzerhand entschließen, zum Strand zu laufen. Aber das ist leichter gedacht als getan angesichts all der kleinen, schmalen Gassen, die auf unserem veralteten Stadtplan nicht eingezeichnet sind.

Nach zahllosen unterschiedlichen Auskünften, die uns in alle möglichen Himmelsrichtungen schicken, landen wir zwei Stunden später endlich an besagtem Strand. Ein kleines, unscheinbares indisches Restaurant füllt uns für wenig Geld den Magen. Erschöpft vom vielen Laufen und sicherlich auch noch von der kurzen Nacht, entschließen wir uns, mit dem Bus zum *Clocktower* zurückzufahren.

Das öffentliche Verkehrssystem steckt in Dubai noch in den Kinderschuhen. Die oberirdische Tram befindet sich noch im Ausbau. Üblicherweise fährt man hier mit dem Taxi oder mit seinem eigenen Geländewagen, bei diesen Spritpreisen spielt der Verbrauch ja keine Rolle. Die Bevölkerungszahl ist hier in kurzer Zeit so stark gestiegen, dass der Straßenbau den Anforderungen einfach nicht hinterherkam. Endlose Staus zur *Rushhour* sind die Folge; für eine Strecke von zwanzig Kilometern muss oft eine Stunde Fahrzeit einkalkuliert werden. Wen wundert es, dass die Hupen im Dauereinsatz sind und der Fahrstil auch der Taxifahrer äußerst aggressiv?

Für ein paar Cents erleben wir den Puls der Stadt im öffentlichen Bus, der sich bei jeder Haltestelle immer mehr füllt. Einheimische sucht man hier vergebens, die fahren in ihrer klimatisierten und mit Schwarzglas ausgestatteten Luxuslimousine. Hier sammelt sich das eingereiste Volk, die sogenannten *Expats*, Auswanderer, der Hauptanteil der Bevölkerung Dubais. Uns gegenüber nimmt eine weiß gekleidete Frau Platz, eine Krankenschwester aus Pakistan, die gerade ihren Dienst beendet und ihren kleinen Sohn von der Schule abgeholt hat. Der kleine Mann ist sichtlich fasziniert von meinen Sandalen und gibt keine Ruhe, bis ich mit ihm Hoppe Hoppe Reiter spiele, wobei er sich auf meinen Fuß setzt und sich an meinem Bein festhält, das ich immer auf- und abbewege. Der Mutter ist das sichtlich peinlich, uns hingegen amüsiert es. Als wir nach weiteren dreißig Minuten noch immer nicht in uns bekannte Straßen einbiegen, überkommt mich ein ungutes Gefühl: Weiß Gott, wo wir uns befinden. Hätten wir doch lieber ein Taxi genommen, statt dieses Abenteuer auszuprobieren.

»You want to go to the Clocktower? Yes, you are right. Just wait, we will soon pass by.«

Ein freundliches *»Good bye and good luck«*, und die beiden sind in der Menschenmasse verschwunden.

Nach zirka vierzig Minuten erkennen wir den *Clocktower* wieder. Inzwischen ist die Sonne untergegangen und die Nacht hereingebrochen. Der *Clocktower* leuchtet in allen bunten Farben: Grellgrün, Pink, Rot, Blau und Gelb entsprechend der Wasserfontäne, die ihn umgibt. Erleichtert verlassen wir den Bus. Nächstes Mal nehmen wir ein Taxi, das steht fest.

Völlig fertig erreichen wir unser Hotel. Rettung bringen der Whirlpool und der Swimmingpool auf dem Hoteldach der vierzehnten Etage. Wohltuend das sechsundzwanzig Grad warme Wasser unter freiem Sternenhimmel über der Stadt. Kaum zu glauben, noch gestern erstickten wir fast im Schneesturm, und nur vierundzwanzig Stunden später genießen wir das Flair von Tausend und einer Nacht.

»Ich bin ja so was von müde, am liebsten würde ich noch ein Nickerchen machen. Wann haben wir denn unsere Verabredung mit Lars, und wo werden wir uns treffen?«

Ines, die leidenschaftliche Schwimmerin, zieht genüsslich ihre Bahn. Im Sommer, egal ob es stürmt oder regnet, schwimmt sie täglich bis zu tausendzweihundert Meter. Kein Wunder, dass meine Mutter in ihrem Alter noch so fit ist.

»Wir treffen uns um 20.00 Uhr im *Park-Hyatt-Hotel* und werden gemeinsam zu Abend essen. Weißt du noch, wie süß Lars damals war? Im Kindergarten wart ihr unzertrennlich und du wolltest ihn heiraten.«

Einträchtig schwimmen wir nebeneinander her und schwelgen in Erinnerungen an alte Zeiten. Lars war damals, als ich zehn Jahre jung war, tatsächlich mein großer Schwarm. Wir spielten zusammen in den Maisfeldern und hüpften Gummitwist. Nach dem Umzug meiner Eltern verlor ich ihn aus den Augen. Schade eigentlich.

»Na, freust du dich, deine Jugendliebe hier wiederzutreffen? Ich habe dich damit überraschen wollen«, sagt meine Mutter lächelnd.

»Das ist dir bestens geglückt. Ich bin ja so gespannt, wie er sich verändert hat. Komm, lass uns jetzt aber aus dem Wasser steigen, sonst kriegen wir noch Schwimmhäute und kommen zu spät.«

»Nur noch eine Runde. Das Wasser ist so herrlich.«

Schon kommt der Bademeister um die Ecke und gibt uns zu verstehen, dass das Bad schließt. Wir sind eh die einzigen Gäste, und der Blick auf die Uhr treibt uns zur Eile an. In nur sechzig Minuten sollen wir uns bereits im *Park Hyatt* einfinden. Schnell noch abduschen, föhnen, ankleiden, schminken, darin sind wir beide wirklich schnell. Stundenlanges Zurechtmachen im Badezimmer gab es bei uns nie – wie sonst hätten wir es damals zu Hause zu fünft geschafft, in einer halben Stunde fertig zu sein, bei nur einem Badezimmer im Haus? Kein Wunder, dass hier in Dubai jedes Schlafzimmer sein eigenes Badezimmer hat, ganz nach amerikanischem Vorbild, das sicherlich spätestens in zehn Jahren auch bei uns umgesetzt wird. Wir haben es geschafft und sitzen um viertel vor acht tatsächlich fix und fertig gestylt im Taxi.

»Wow, ist das beeindruckend, diese riesige Parkanlage mitten in der Stadt. Palmen, so weit das Auge blickt, und Rasen, ein so kostbares Gut hier in Arabien. Siehst du die kleinen schwarzen Wasserleitungen in den Blumenbeeten?«

»Ja, ist mir auch schon aufgefallen. Kein Grashalm, keine Blume ohne Wasser. Wie einfach haben wir es da in Europa. Da übernimmt der Regen die automatische Bewässerung.« Ines' Blick ist fast melancholisch.

»Miss, we are here. This is the QD's«, unterbricht uns der Taxifahrer.

Dieses Restaurant zählt zu den angesagtesten Adressen in Dubai: unter freiem Sternenhimmel, direkt am *Creek*, mit Blick auf den Fluss und die sich im Wasser spiegelnde Skyline. Unser Blick schweift über die voll besetzten Tische.

»Hallo Ines! Hallo, hier sind wir!«, ruft Lars, der uns erspäht hat.

Am schönsten Tisch, direkt am Wasser, gesellen wir uns zu den dreien.

»Darf ich euch vorstellen? Das sind meine Frau und meine Tochter. Ach, ist das schön, euch zu treffen. Karina, dich habe ich ja eine Ewigkeit nicht mehr gesehen. Zum Glück haben unsere Eltern den Kontakt nie zueinander verloren, so wie wir.«

Lars ist in all den Jahren noch attraktiver geworden. Er sieht umwerfend aus mit seinem leicht gebräunten Teint und seinen stahlblauen Augen, die mich schon damals fasziniert haben.

»Ich wusste gar nicht, dass du in Dubai lebst. Warst du nicht mal in Singapur?«

»Ja, aber das ist schon fünf Jahre her. Dort habe ich auch meine Frau kennengelernt. Die Firma hat mich dann nach Dubai versetzt, wo wir nun beide arbeiten und unsere Tochter zur Schule geht.«

Lars gibt beim Kellner, den er schon bestens zu kennen scheint, die Bestellung auf. »Ihr seid heute Abend meine Gäste, das ist ja wohl klar. Will noch jemand eine *Shishah*?«

Wir lehnen dankend ab, auch wenn der Duft der Wasserpfeife einfach betörend ist. Lars und seine Frau lassen sich die eleganten Rauchgefäße bringen, heiße Kohle wird aufgelegt und über das Mundstück der Rauch inhaliert. Der süßliche Duft von Apfel und Pfirsich weht uns entgegen. Während die beiden genüsslich ihre *Shishah* rauchen, erzählt uns Lars über sein spannendes Leben in dieser gigantischen Stadt und wir lauschen gespannt seinen Worten. »Noch vor fünf Jahren stand nur die Hälfte der Gebäude, unglaublich, in welch rasanten Schritten dieser Ort sich ständig verändert. Kaum ist der eine Stadtteil fertiggestellt, entstehen bereits die nächsten im neuen Gewand. Nirgendwo auf der Welt sind so viele Baukräne und Bagger im Einsatz wie zur Zeit in dieser Megastadt. Ein rasantes Wachstum, das einem aber auch Angst einflößt, da es keine Beständigkeit gibt.«

Lars nimmt einen Zug aus der Wasserpfeife, bevor er fortfährt:

»Keiner weiß, wie das alles weitergehen wird, und man munkelt, dass auch hier die Finanzkrise nicht spurlos vorbeiziehen wird. Die Immobilienpreise sind bereits gefallen, die Hotels nicht mehr zu hundert Prozent ausgebucht, die ersten Hochhäuser nicht mehr ausverkauft. Das Leben ist sehr teuer geworden, die Mietpreise haben sich in den letzten fünf Jahren verfünffacht. Bald kann sich das keiner mehr leisten. Dennoch ist es sehr interessant hier für uns, wir haben gute Jobs, einen guten Verdienst, immer Sonne, das Meer und zur Zeit eine traumhafte Temperatur. Im Sommer kann man es hier kaum aushalten. Fünfzig Grad, nachts kaum kühler. Da lebt jeder nur noch in klimatisierten Räumen. Kein Mensch auf der Straße, die Cafés sind leer auch hier im *QD's* ist keiner anzutreffen. Einfach zu heiß. Von daher seid ihr in der richtigen Jahreszeit gekommen. Für uns ist der Winter am schönsten.«

»Siehst du, und wir entfliehen unserem kalten Winter. Zu Hause stürmt und schneit es. Leider bleibt aber die weiße Pracht nicht liegen. Schneematsch und grauer Himmel, Schneeregen und ein eiskalter Wind machen diese Jahreszeit nicht gerade attraktiv und lassen so manchen Deutschen Auswanderungspläne schmieden«, wirft Ines ein.

Lars' Stimme klingt nun etwas melancholisch: »Ja, der Schnee. Den vermisse ich richtig. Auch den Regen und die vier Jahreszeiten, vor allem den Frühling und den Herbst, wenn sich das Laub verfärbt. Hier gibt es kaum Bäume. Und die Palmen sehen das ganze Jahr über gleich aus. Aber ich will nicht jammern. Wir sind glücklich hier, und falls wir es irgendwann nicht mehr sein sollten, ziehen wir eben woanders hin auf dieser Welt. Es gibt noch genug interessante und schöne Orte. Nichts ist ewig. Das lernt man hier in Dubai.«

»Von dieser Denkweise könnten sich die Deutschen eine

Scheibe abschneiden. Jede Veränderung ist eine kleine Katastrophe und die Stimmung im Land wegen der Finanzkrise gerade ziemlich depressiv«, antworte ich.

Lars nickt. »Aber nach jedem Ab gibt es auch wieder ein Auf, das ist der Lauf der Zeit. Hier kämpft man mit täglicher Teuerung, lernt aber damit umzugehen. Streiks, Proteste, Wahlen, Demokratie, so etwas gibt es hier nicht. Die Sheikhs bestimmen alles und setzen es in Windeseile um. Tauchen Probleme auf, werden Sofortmaßnahmen ergriffen. Ein Vorgang, der in Deutschland durch alle Behörden geht und über Jahre diskutiert wird, dauert hier oft nur eine Woche. Wie die ›Palme‹ zum Beispiel. Meint ihr, so was wäre in unserem Land umsetzbar?«

Ines ergreift sofort das Wort: »Nie! Da würde schon die Idee im Keim erstickt. So etwas würde man nicht mal zu denken wagen, geschweige denn, es auszusprechen. Ins Wasser künstlich Tonnen von Sand aufschütten und neuen Wohnraum für Tausende von Menschen schaffen? Nein, undenkbar.«

»Das müsst ihr euch aber unbedingt anschauen. Das neue *Atlantis*-Hotel ist gigantisch mit seinen riesigen Aquarien, dem Haifischtunnel und den künstlichen Lagunen – einfach traumhaft.« Lars' Augen funkeln bei diesen Ausführungen fast so intensiv wie die Sterne über uns.

Da ich dieses Hotel ohnehin schon auf dem Besichtigungsplan habe, stimme ich umgehend zu.

»Aber das mit der *Aida* ist ja wohl eine tolle Reise. Morgen geht's also los. Und wohin geht die Tour dann?«

»Wir werden morgen nach dem Frühstück per Taxi zum Hafen fahren und einchecken. Das Schiff wird dann am nächsten Morgen ablegen. Die Fahrt geht in den Oman, vorbei an der Straße von Hormus, wo wir in Muscat anlegen werden. Von da aus geht es weiter nach Abu Dhabi und Bahrain, dann wieder zurück nach Dubai«, antworte ich in einem Atemzug, als hätte ich die Route extra auswendig gelernt.

»Das klingt ja sehr gut. Der Oman ist absolut faszinierend, da müsst ihr unbedingt in die Moschee und den Souk. Auch das Hinterland mit den Canyonlandschaften ist sehr sehenswert, landschaftlich viel attraktiver als Dubai, das eigentlich nur von Sand und Wüste umgeben ist. Da beneide ich euch richtig. Das Schiff soll ja auch so schön sein.«

Nun gerate ich vollends ins Schwärmen. »Oh ja, es ist wunderschön, das ganze Design, schon der äußere Anblick des Giganten haut einen wahrlich um. Im Schiffsinneren ist alles ganz farbenfroh gestaltet, frisch, modern, einfach zum Wohlfühlen und – «

Da fällt mir Ines ins Wort: »… und wenn ich meine Tochter jetzt nicht unterbreche, sitzen wir vor lauter Schwärmerei von diesem Schiff noch morgen früh da. Sie ist nämlich ein infizierter *Aida*-Fan geworden, samt ihrer Familie. Ich werde ja morgen zum ersten Mal dieses Schiff sehen, hoffentlich werde ich nicht enttäuscht!«

»Wie, du hast Familie, das wusste ich ja gar nicht. Wo sind die denn? Warum fahren die nicht mit?«, fragt Lars neugierig.

Ich gebe ihm einen kurzen Abriss von meinem Leben, schließlich haben wir uns über fünfundzwanzig Jahre nicht gesehen. »Mein Mann Florian arbeitet und betreut zu Hause die pubertierenden Kinder, damit ich diese Reise hier mit meiner Mama erleben darf.«

Nach Lars' Auffassung würden das nur wenige Männer tun.

Inzwischen ist ein kühler Wind aufgezogen und wir spüren den Schlafmangel in unseren Gliedern. Die Salatteller sind leer gegessen und die *Shishah* ausgeraucht. Wir hätten gerne noch weitererzählt; aber an einem Abend kann man keine fünfundzwanzig Jahre nachholen. Ines überreicht den dreien noch die Mitbringsel aus Deutschland, die wohl schon sehnsüchtig erwartet wurden: Gummibärchen, Leberwurst, Kinderschokolade und einige andere Sachen.

»Es war so schön, euch hier zu treffen. Habt ganz viel Spaß bei eurer Kreuzfahrt und macht viele Ausflüge. Meldet euch, wenn ihr wieder da seid, vielleicht können wir uns nochmals treffen. Der Abend war einfach zu kurz, zumindest für mich.«

»Ja, es war wirklich schön, euch zu treffen. Ich werde deinen Eltern ausrichten, dass es dir hier gut geht. Außerdem hast du eine süße Tochter und eine sympathische Frau«, meint Ines mit einem herzlichen Lächeln in die Runde.

»Wenn es klappt, melden wir uns nach unserer Kreuzfahrt noch mal. Deine Handynummer hab ich ja. Nochmals vielen Dank für die Einladung.«

Dabei verabschieden wir uns mit Küsschen rechts und links. Schade eigentlich, dass der Kontakt abgebrochen war; aber nun ist er in meinem aktuellen E-Mail-Adressbuch gespeichert.

Todmüde und völlig erschöpft, aber voller neuer Eindrücke entschlummern wir in unseren vielen Kissen und Bettdecken. Das leichte Brummen der Klimaanlage wiegt uns in den Schlaf und stimmt uns auf die Schiffsreise ein.

Ohne Wecker hätten wir sicherlich gnadenlos verschlafen. Der Blick aus dem Hotelfenster lässt unsere Herzen sogleich höher schlagen: strahlend blauer Himmel, keine Wolke weit und breit und herrliche fünfundzwanzig Grad. Wir schaffen es gerade noch zum Frühstücksbuffet, das zum Teil schon abgeräumt wurde, packen unsere Koffer und nehmen direkt Kurs auf den Hafen. Hier entsteht gerade das größte Kreuzfahrtterminal der Welt. Wie soll es auch anders sein, das erst vor fünf Jahren erbaute Terminal wurde abgerissen und nun ein neues, viel größeres ins Meer gebaut.

Plötzlich ruft Ines vom Rücksitz des Taxis: »Oh, mein Gott. Da, da ist die *Aida*! Die ist ja wirklich so riesig, wie du sie immer geschildert hast.«

»Warte erst mal ab, bis wir direkt davor stehen. Da bist du sprachlos.«

Und tatsächlich scheint dieses gigantische Schiff mit jedem Meter, den wir uns nähern, zu wachsen. Am Terminal wurde ein provisorisches Riesenzelt aufgebaut und ein roter Teppich ausgerollt für die Tausende von Gästen. Neben der *Aida* liegt noch die *Costa*, ebenfalls ein Koloss, und schon fast wie eine Miniaturausgabe liegt die *Queen Elizabeth* daneben, die hier in ein Hotel umgebaut werden soll und vor der ›Palme‹ ihre letzte Ruhestätte findet.

Diesmal erwarten uns keine Menschenschlangen wie vor einem Jahr in Teneriffa. Ganz geruhsam geht es zu, und am Check-in kommen wir gleich dran.

Freundlich werden wir vom *Aida*-Team begrüßt. »Herzlich willkommen auf der *Aida*. Haben Sie Ihre Voucher da? Bitte schauen Sie in die Kamera, wir machen noch ein Foto für Ihre Bordkarte, die Sie überall auf dem Schiff ausweist und die Sie immer bei sich tragen sollten.«

Tja, als alter Hase war ich darauf schon vorbereitet und habe mir zumindest die Haare gekämmt. Mein Bordfoto der letzten Reise ist so verheerend ausgefallen, dass ich mich damals jedes Mal schämte, wenn es eingescannt wurde. (Übrigens war ich nicht die Einzige, die ihr Foto scheußlich fand. Ein wenig eitel darf man ja auch sein.)

Auch wenn ich den Anblick des Schiffes schon kenne, bin ich wieder völlig überwältigt von seiner Größe und majestätischen Schönheit.

»Dieser Anblick ist wirklich umwerfend«, raunt mir Ines entzückt ins Ohr.

»Soll ich dir mal kurz aufzählen, was dich da im Schiff erwartet? Die Zahlen kann ich inzwischen auswendig«, prahle ich ein wenig und fahre fort, ohne eine Antwort abzuwarten: »Das Schiff ist 252 Meter lang und dreizehn Decks hoch, verfügt über 1025 Passagierkabinen und knapp 4000 Quadratmeter

Restaurantfläche, 6400 Quadratmeter Sonnendeck, 2300 Quadratmeter Wellnessbereich, elf Bars, sieben Restaurants, Platz für 2500 Gäste und weitere 650 Mitarbeiter. Na, bist du nun beeindruckt?«

»Von wem? Von dir oder vom Schiff?«

Ich lache, aber Ines meint es ernst.

»Du weißt, ich bin kein Zahlenmensch, umso verblüffter bin ich, dass du dir das alles gemerkt hast.«

»Warte nur ab, nach der Reise kannst du das auch. Und ich bin mir schon jetzt sicher, du wirst dich genauso in die *Aida* verlieben wie ich!«

Ehrfürchtig betreten wir den Bauch des Giganten und inspizieren jeden Winkel. Gespannt betreten wir unsere Innenkabine. Sie ist recht klein, aber sehr geschmackvoll eingerichtet, in modernen Orange-Tönen. Dank der geschickten Beleuchtung fällt einem kaum auf, dass es kein Außenfenster gibt. Natürlich sind die Balkonkabinen wesentlich größer und lässt der private Balkon mit eigener Hängematte keine Wünsche mehr offen. Insgeheim beschließe ich schon jetzt, bei der nächsten Reise eine Balkonkabine zu buchen, auch wenn sie teurer ist.

Schnell sind die Koffer ausgepackt und wir setzen unsere Entdeckungstour fort, lassen uns beeindrucken von den Restaurants, dem Wellnessbereich mit der herrlichen Wellness-Oase, von Beautyfarm, Sportbereich und Joggingparcours. Schließlich entern wir das Sonnendeck, wo wir auf dem Liegestuhl den restlichen Nachmittag genießen.

Abends im Restaurant werden wir von den kulinarischen Köstlichkeiten regelrecht verführt. Und natürlich nehmen wir teil an der Welcome-Veranstaltung mit Lasershow und Rock-'n'-Roll-Musik aus den fünfziger und sechziger Jahren. Nach all den Tanzrunden unter freiem Sternenhimmel und der gigantischen Beleuchtung fallen wir um ein Uhr nachts todmüde in unsere Betten.

»Na, das geht ja schon gut los! Weißt du, wann ich das letzte Mal mein Tanzbein geschwungen habe? Das wird eine aufregende Reise werden. Das spüre ich jetzt schon!«

Das weitere aufgedrehte Geplappere meiner Mutter verschmilzt mit meinen Nachtträumen.

Als wir am nächsten Morgen erwachen, sind wir schon aus dem Hafen von Dubai ausgelaufen und befinden uns bereits im Arabischen Golf. Am Horizont zieht ein dunkles Gewitter auf, das die Sicht auf die imposanten Megabauten Dubais zeitweise verdeckt – ein grandioses Schauspiel, dem wir jedoch gekonnt entfliehen. Wir lassen die Stadt der Superlative hinter uns und tauchen ein in die Welt des Orients. Zuvor müssen wir jedoch eine Seenotrettungsübung über uns ergehen lassen. Sieben kurze Töne, gefolgt von einem langen, so lautet das Signal für den Notfall. Dann hat jeder schleunigst seine Rettungsweste anzuziehen und muss sich in angemessener Kleidung auf Deck fünf an seiner Sammelstation einfinden. Noch lachen alle, hoffen aber, dass solch ein Notfall nie eintreten wird. Übrigens ist nicht das Wasser die größte Gefahr, sondern Feuer an Bord. In der gesamten Geschichte der *Aida* ist jedoch ein solcher Notfall nie eingetreten, was uns alle sehr beruhigt.

Während des Nachmittages lauschen wir den Vorträgen einer Lektorin über das Sultanat Oman, seine Sitten und Gebräuche – Weihrauchland zwischen Tradition und Moderne. Um viele Informationen bereichert, schnuppern wir noch in den Bauchtanzkurs rein. Ganz schön kompliziert und nicht mal eben so auf die Schnelle erlernbar, das wird uns gleich klar. Den Abend lassen wir nach zwei herrlichen Saunagängen an der *Aida*-Bar mit unseren netten Tischnachbarn ausklingen. Wen wundert es, dass der Zeiger der Uhr schon wieder auf eins zeigt, als wir die Kabinentür hinter uns schließen.

Kapitel 3

Oman, Land des Weihrauchs

Nach einer absolut ruhigen Nacht ohne Wellengang, nur begleitet vom leichten Brummen der Motoren, erreichen wir gegen acht Uhr den Hafen im Oman in Muscat. Willkommen im Sultanat! Sicherlich einer der Höhepunkte dieser Reise. Ein faszinierendes Land, das versucht, die Gratwanderung zwischen Moderne und Historie zu gehen. Dieses Sultanat ist eigenständig und nicht an die Arabischen Emirate angeschlossen. Regiert wird es noch von einem Sultan, dem Sultan Qaboos, der überall gegenwärtig zu sein scheint. Von ihm werden wir während des Tages noch allerhand zu hören und sehen bekommen. Erst in den siebziger Jahren wurde das Land durch ihn der Öffentlichkeit zugänglich gemacht; bis dahin war es nur wenigen Fremden erlaubt, es zu betreten. Einst war es berühmt für seine Weihrauchbäume, die es noch heute im äußersten Süden bei Salalaah gibt. Weihrauch war damals, was Gold und Öl heute sind, und brachte dem Oman Ruhm und einen gewissen Reichtum, den die Portugiesen 1515 mit einer einhundertfünfzigjährigen Herrschaft ebenfalls nutzten. Marco Polo entdeckte in jener Zeit die Kostbarkeit und Schönheit jenes fernen Landes mit seinen mystischen Bergen im Hinterland und seinen unendlichen Wüsten. Insgesamt fünfzehntausend Quadratkilometer Wüstensand gibt es hier und eintausendsiebenhundert Kilometer Küste. Als Anfang der sechziger Jahre die ersten Erdölfunde entdeckt wurden, entwickelte sich das Land rasant von einem Dritte-Welt-Land zum Wohlstandsstaat, den wir heute ein wenig näher begutachten werden.

»Hast du gut geschlafen, Karina?«

Meine Mutter steht schon quietschfidel im Badezimmer.

Es duftet nach ihrer Bodylotion und sie sieht umwerfend aus. Ein Blick in den Spiegel hingegen zeigt mich mit meinem zerzausten Haar und den deutlichen Augenringen wie um zwanzig Jahre gealtert.

»Auf, lass uns frühstücken, und dann geht's los, den Oman entdecken. Nie hätte ich gedacht, mal so weit zu reisen. Ich danke dir, mein Schatz, für diese wundervolle Reise.«

»Sehr gerne, Mama, dafür hast du ja auch ein ganzes Leben an meiner Seite gestanden und mich unterstützt. Das ist nur ein ganz kleines Geschenk als kleine Anerkennung für dein Lebenswerk.«

Schnell springe auch ich unter die Dusche und versuche mich in wenigen Minuten für unseren gebuchten Ausflug »Mystisches Muscat« herzurichten. Bedingt durch unsere Innenkabine, in der weder die Tageszeit noch die Wetterlage, geschweige denn der Hafen erkennbar ist, sind wir beim Verlassen der Kabine zunächst von dem grellen Sonnenlicht geblendet, und bevor wir das Frühstücksrestaurant betreten, fahren wir auf das Sonnendeck, um den Ausblick zu genießen.

»Wow. Das ist Muscat. Wundervoll, wie sich diese Stadt an die bizarre Bergwelt anschmiegt. Schau, Mama, da liegt das Fort und die Festung Mirani, und dort sieht man den riesigen Weihrauchkessel«, rufe ich begeistert.

»So eine Stadt habe ich in meinem ganzen Leben noch nie gesehen. Die Türme der Moscheen, solch karge Berge, die grazilen Minarette – faszinierend. Ich bin so gespannt auf die Qaboos-Moschee und den Souk.«

Das Frühstück fällt heute kurz aus: eine Schale Müsli und frisches Obst. Die Ananas und Melonen schmecken einfach köstlich, ebenso wie die Granatäpfel und Maracujas. Wenige Minuten später verlassen wir die *Aida* und tauchen ein in die Welt des Omans. Mit einem voll besetzten Bus verlassen wir den großen Hafen, in dem auch die Luxusjacht von Sultan Qaboos vor Anker liegt: edel in Sandfarben und sehr stylisch.

Unsere Rundfahrt wird begleitet von einem *Aida*-Scout, der die englischen Informationen unseres einheimischen Reiseführers ins Deutsche übersetzt: Auch das gehört zum *Aida*-Service, den viele Passagiere sehr schätzen. Unser erster Stopp führt uns zu der zirka zwanzig Kilometer weit abgelegenen Moschee, der *Grand Mosque*, bis vor Kurzem noch die größte arabische Moschee der Welt, inzwischen aber getoppt – ein Phänomen, das man aus dem Kindergarten kennt: Jeder will das größte, höchste, außergewöhnlichste, spektakulärste Gebäude der Welt bauen. Ein schier endloser Prestigekampf scheint in den arabischen Ländern einzusetzen, zumindest noch solange das Öl und damit Geld im Überfluss sprudelt. Sultan Qaboos hat diese Moschee im Jahr 2000 aus Anlass des dreißigsten Jahrestages seiner Thronbesteigung der Bevölkerung geschenkt.

»Alle Frauen müssen nun ihr Kopftuch aufsetzen, es dürfen keine Haare mehr zu sehen sein, ebenso müssen Schultern und Knie vollständig bedeckt sein«, erklärt uns die Reiseleiterin, bevor wir den Bus verlassen. In wenigen Sekunden hat sich unsere europäische Reisegruppe in eine türkisch anmutende Gesellschaft verwandelt.

Am Eingang der Moschee werden wir von Wächterinnen kontrolliert, ob auch ja jede Besucherin ein Kopftuch sowie angemessene Kleidung trägt. Bei einigen wird das Kopftuch abgenommen und fachfrauisch neu geschnürt. Als Nächstes müssen wir alle die Schuhe ausziehen, worauf sie in den Regalfächern schön geordnet verstaut werden, und barfuß oder mit Strümpfen treten wir nun in das Innere der Moschee ein. Ein atemberaubender Anblick, dieser riesige Saal, der mehr als fünftausend Menschen Platz bietet mit seinen Ausmaßen von siebzig mal sechzig Metern, ausgelegt mit einem prächtigen Teppich. Damit er von den Besuchern nicht beschmutzt wird, sind wir angehalten, nur auf den darübergelegten Maschinenteppichbahnen zu laufen. Vier mächtige Marmorsäulen tragen die hohe bemalte Kuppel, von der ein sehr beeindruckender, riesiger Swarovski-Kronleuchter herabhängt. Direkt unter der Kuppel schart uns unser omanischer Reiseleiter Khalib um sich, und wir lauschen aufmerksam seinen Worten.

»Hier beten nur die Männer, das kleinere Gebetshaus auf der gegenüberliegenden Seite ist für die Frauen. Anders als in Ihrem Glauben gibt es hier keine Priester, keine Liturgie und auch keinen Altar. Jeder betet hier für sich und preist Allah, wobei der Betende mit seiner Stirn mehrmals den Boden berühren muss. Fünfmal am Tag, schreibt der Koran vor, soll man beten. Der Muslim auf dem Minarett ruft die Gläubigen dazu über Lautsprecheranlagen auf. Man kann überall beten, muss aber immer gegen Mekka gerichtet sein.«

Khalib in seiner weißen Kuttentracht macht eine ausladende Geste, der wir mit den Blicken folgen. »Hier vorne sehen Sie die *Mirhab*, eine Art gewölbte Nische, die die Richtung nach dem heiligen Ort Mekka anzeigt.« Bei diesen Worten vollzieht er das Ritual des Betens, das sehr nach körperlicher Anstrengung aussieht. »Das ist auch reine Gymnastik, und Ungeübte kommen dabei ganz schön ins Schwitzen.«

Ein Teilnehmer aus unserer Gruppe fragt, warum Frauen und Männer immer getrennt beten müssen. Darauf antwortet Khalib mit einem breiten, schelmischen Lächeln: »Was meinen Sie, auf welche Gedanken die Männer kämen, wenn die Frauen in gebückter Haltung vor ihnen beten würden? Sie sollen doch an Allah denken!«

Zumindest ist dies seine Interpretation und veranlasst uns alle zum Schmunzeln.

»Deshalb müssen die Frauen auch verschleiert sein, weder ihr Haar noch nackte Haut darf die Männer verführen.«

Dass die Araber ganz heiße Liebhaber sein sollen, ist ja überall bekannt. Selten begnügt man sich hier mit nur einer Frau. Doch dazu an späterer Stelle mehr, schließlich sind wir hier in einem Gotteshaus!

An den Wänden befinden sich, sehr dezent, Inschriften des Korans, die wie Gemälde anmuten. In mehreren Nischen erblicken wir Exemplare des Korans. Eines davon entnimmt Khalib und schlägt es auf. »Sehen Sie. Lesen Sie. Hier gibt es sogar deutsche Übersetzungen. Auf keiner einzigen Seite befindet sich auch nur *ein* Wort der Gewalt. Der ganze Koran ist ein friedvolles Werk, das die Menschen dazu aufruft, Allah zu verehren, aber auch, ihre Mitmenschen und Andersgläubige zu achten. Bitte überzeugen Sie sich selbst und lesen Sie den Koran. Die Gewaltverbrechen, Attentate und Selbstmörder im Namen des Islam wurzeln in absoluten Fehlinterpretationen und sind zu missbilligen. Wir distanzieren uns sehr von derlei Aktionen und wünschen uns Frieden im Oman, in Arabien und auf der ganzen Welt, denn das ist das Wichtigste auf Erden.«

Lautes Beifallklatschen unserer Reisegruppe folgt auf diese bewegenden Worte.

Andächtig schleichen wir barfuß über den weichen Teppich. Ein letzter Blick zur gigantischen Kuppel, dann verlassen wir den Gebetsraum und gehen zum Waschhaus. Khalib demonstriert uns ausführlich, wie akribisch die Reinigung vor jedem Besuch der Moschee abläuft. Fünfmal müssen die Körperteile mit Wasser gereinigt werden: Ohren, Nase, Augen, das gesamte Gesicht, die Hände, Ellbogen, Haare. Der Mund muss ausgespült werden, und sogar die einzelnen Zehen und die Fußsohlen bis hin zum Schienbein müssen gereinigt werden. Zum Glück bleibt uns dies erspart.

»Das macht man schon wie im Schlaf, dabei wird erzählt und getratscht, natürlich streng nach Geschlechtern getrennt. Verstehen Sie jetzt, warum Sie den Originalteppich, so schmutzig, wie Sie sind«, dabei grinst er über beide Ohren, »nicht betreten dürfen? Dieses Reinigungsritual wollte unser Sultan Ihnen nicht zumuten. Übrigens sind nur wenige Moscheen für Besucher zugänglich. Aber unser Sultan wollte Ihnen den Zugang in diese sehr schöne Moschee ausdrücklich erlauben und freut sich über Ihren Besuch.«

Tief beeindruckt verlassen wir das kunstvolle Bauwerk, dessen Innenausstattung, verglichen mit der einer Kirche, sehr schlicht wirkt. Während des kurzen Rückwegs zum Bus verwandelt sich unsere verschleierte Reisegruppe wieder in Europäer.

Auf der Rückfahrt ins Zentrum der Hauptstadt Muscat erzählt uns Khalib über das Leben im Oman. Während er im Mittelgang des Busses auf und ab geht, spielt ein so lausbubenhaftes Lächeln um seine Mundwinkel, dass die Herzen sämtlicher weiblicher Reiseteilnehmer dahinschmelzen. Seine Ausführungen sind auf Englisch, und der *Aida*-Scout übersetzt das Wesentliche ins Deutsche.

»Ich bin erst siebenundzwanzig Jahre alt und bin im Oman, in der Oase Nizwah, geboren und habe noch acht Geschwister. Wir sind sehr familienorientiert und halten zusammen. Das Wichtigste im Leben sind unsere Eltern. Ihnen haben wir zu verdanken, dass wir auf dieser Erde sein dürfen.«

Bei diesen Worten wird uns ganz warm ums Herz. In Deutschland scheint dieses Gedankengut kaum mehr zu existieren. Jeder denkt nur noch an sich, die Familienstrukturen brechen immer mehr auseinander. Zum Glück ist das in meiner Familie nicht so, wodurch wir schon eine Ausnahmeerscheinung sind. Wortlos schauen wir uns an – meine Mutter weiß haargenau, was ich gerade denke, und umgekehrt. Wir nehmen uns an der Hand und lauschen Khalibs weiteren Ausführungen.

»Wissen Sie, wir sind nicht so reich wie die Leute in Dubai oder Abu Dhabi, aber wir sind zufrieden. Alle haben Arbeit, niemand muss hungern, jeder hat ein Zuhause. Sultan Qaboos sorgt sehr für uns. Bei uns werden die Taxen noch von Omanis gefahren und nicht wie in den Emiraten von Indern und Asiaten, das gibt bestimmt mal Probleme. Unser Land hat noch Geschichte und Tradition, die bewahrt werden soll. Wir entwickeln uns langsamer, aber bedächtiger als unsere Nachbarn, die alles abgerissen haben und nur das Modernste, Größte, Außergewöhnlichste und Beste haben wollen. Mehr möchte ich aber zu diesem Thema nicht sagen. Bitte haben Sie Verständnis.«

Ja, das haben wir. Aber hört man da nicht einen gewissen Konkurrenzkampf heraus? Bei uns will doch auch jedes Land das andere übertrumpfen. Mal sehen, wohin das alles führen wird.

Inzwischen sind wir am Souk von Muttrah im Stadtzentrum angelangt, dem schönsten Souk der gesamten Reise. Unser Reiseleiter gibt uns eine freie Stunde und wir schwirren los, um die kleinen überdachten Gassen der Altstadt zu erkunden. In winzigen Läden werden allerlei Waren angeboten. Es ist bunt hier und es duftet nach Weihrauch, was sofort an Kirche erinnert. Von allen Seiten werden wir angesprochen.

»Please try. It is not expensive. I make you a special price.«

Dabei sind die Händler aber keineswegs aufdringlich. Verständlich, dass jeder ein Geschäft mit den »reichen« Kreuzfahrern machen möchte. Wir lehnen dankend ab und tauchen tiefer ein in das Labyrinth der schmalen Sträßchen. Unter den Touristen, die fast allesamt von der *Aida* stammen, tummeln sich viele Einheimische, Männer mit langen Gewändern und bestickten Kappen. Im Gegensatz zu den Saudis und Emiratis werden im Oman Kappen und keine Schleier oder Kopftücher getragen. Die Frauen sind alle in ihre schwarzen *Abbayas* eingehüllt, die es in jedem dritten Laden zu kaufen gibt.

Aus reiner Neugierde betreten wir ein solches Geschäft. Schon am Eingang hängen mehr als fünfzig verschiedene Modelle der schwarzen Frauengewänder. Bei näherem Hinsehen entdecken wir, dass jedes mit anderen Stickereien ausgestattet ist. Auch die Materialien unterscheiden sich beim Anfassen, somit auch der Preis, wird uns von dem eifrigen Verkäufer erklärt, der schon die Dollarzeichen in den Augen hat. Aber wo sollten wir jemals solch ein Gewand tragen? Zwei omanische Frauen haben gerade den Laden betreten. Ich weiß nicht, wer neugieriger dreinschaut: sie oder wir. Ein flüchtiges Lächeln, fast verschämt, offenbart sich uns. Wir lächeln zurück. Leider sprechen die beiden kein Englisch und wir kein Arabisch, sodass unsere Kommunikation an diesem Punkt endet. Wir signalisieren dem Verkäufer, dass wir nichts kaufen möchten. Er habe noch weitere Modelle im Hinterhof, erbietet er sich eifrig. Dankend lehnen wir ab, schenken den beiden omanischen Damen ein letztes Lächeln und verlassen zügig das Geschäft.

Fast hätten wir uns in den Gängen verlaufen. Die Stunde war viel zu kurz, und wir beschließen, am Nachmittag noch mal auf eigene Faust loszuziehen. Schließlich liegt die *Aida* ganz nah am Stadtzentrum und ist mit dem Shuttlebus in wenigen Minuten erreichbar.

Am Eingangstor zum Souk hat sich bereits unsere ganze Truppe wieder versammelt. Den Plastiktüten ist zu entnehmen, dass einige mächtig eingekauft haben. Unvorstellbar – in so kurzer Zeit und bei diesem Warensortiment!

Khalib sammelt all seine Schäfchen wieder ein, während sein Blick wohlgefällig über die vielen Plastiktüten schweift, als wollte er sagen: »Gut so.« Mit dem Bus geht es dann wenige Meter weiter zum kleinen *Bait-al-Zubair*-Museum. Im Inneren wird ein Überblick über das rasante Wachstum des Omans gegeben, illustriert mit vielen Porträts der Sultane. Im Außenbereich wurde das Modell eines traditionellen Hauses aufgebaut, sehr bescheiden aus Lehm, Palmenwedeln und Stroh. So lebte die Bevölkerung in den siebziger Jahren, und im Landesinneren und im Süden gibt es diese Behausungen noch heute.

In unmittelbarer Nähe befindet sich das wahre Kontrastprogramm: Der *Al-Alam*-Palast, Palast des Sultans. Allein der große Vorplatz mit seinen unzähligen Kandelabern und den üppigen Blumenbeeten ist beeindruckend. Der Palast selbst ist für Besucher nicht zugänglich, er kann nur von außen besichtigt werden. Am Haupteingang hat man durch die schwarzgoldenen Gitter des schmiedeeisernen Zauns einen schönen Blick auf den außergewöhnlichen Palast, dessen Fassade mit weißen, blauen und goldenen Kacheln verkleidet ist. In der Mitte des Gebäudes wurde ein großes, filigranes Glasmosaikfenster eingearbeitet, das nachts in den schillerndsten Blautönen leuchtet. Davor ist ein kleiner Balkon eingerichtet, in dem der Sultan ab und zu sein Volk begrüßt. Am Fahnenmast auf dem Flachdach weht keine Fahne, was die Abwesenheit des Sultans bekundet.

Eine Reiseteilnehmerin fragt unseren Guide: »Haben Sie denn den Sultan schon einmal persönlich getroffen? Ich meine, ist er volksnah?«

»Aber natürlich. Wahrscheinlich hat schon jeder Omani den Sultan gesehen. Es gibt immer wieder öffentliche Versammlungen, wo er sich der Bevölkerung präsentiert. Wissen Sie, er ist sehr beliebt. Oft lässt er sich in die ärmeren Gegenden unseres Landes fahren und fragt die einfachen Menschen nach ihrem Wohlergehen.«

In kleinen Grüppchen haben wir uns inzwischen vor dem Sultanspalast eingefunden und umringen Khalib. Ein Reiseteilnehmer erkundigt sich nach der Nachfolge.

»Darüber wird geschwiegen. Wenn die Zeit reif ist, wird ein Nachfolger da sein.«

»Hat er denn Söhne?«

»Das weiß man nicht so genau. Wissen Sie, auch von Qaboos wusste man nicht, dass er existiert. Über das Privatleben wird hier nicht offiziell berichtet.«

»Ist er denn verheiratet?«, will eine Dame wissen.

»Ja, aber seine Frau spielt keine Rolle. Sie taucht in der Öffentlichkeit kaum auf und man hat sie schon länger nicht mehr gesehen. Man munkelt, er sei so etwas wie geschieden und habe sich umorientiert.«

Bei diesen Worten errötet Khalib.

»Wie, *umorientiert* …?«

Ist doch klar, dass jemand diese Frage stellen muss. So sind wir Deutsche eben. Mit bloßen Andeutungen geben wir uns nicht zufrieden.

»Na ja, umorientiert eben«, mehr ist Khalib nicht zu entlocken. Galant lässt er uns spüren, dass keine weiteren Aussagen folgen werden.

Wir schauen alle verdutzt, bis einer aus der Gruppe die Äußerung fallen lässt, er habe gehört, der Sultan sei schwul. Nein, also *so* was auch! Und das in solch einem Land! Kein Wunder, dass der Mantel der Verschwiegenheit über das Privatleben gebreitet wird. Die Nachricht von einem schwulen Staatsoberhaupt wäre noch nicht mal im fortschrittlichen Europa eine salonfähige Pressemeldung.

Khalib führt uns zu Fuß rings um das Palastgebäude. Die fünf Jahre alte Küche wird gerade komplett abgerissen, und ein ganz neuer Anbau soll erfolgen, ausgestattet mit den modernsten Küchengeräten, natürlich zum Teil aus Deutschland. Von hier hat man einen schönen Blick auf das Meer und die Bucht mit den Festungen Mirani und Jalali, die in Erdtönen gehalten sind und auf den Spitzen der schroffen Felsen sitzen, als wollten sie die Stadt vor unerwünschten Einwanderern schützen. Das gesamte Land war einst ja auch von der Öffentlichkeit abgeschirmt; erst durch Sultan Qaboos wurde es in den siebziger Jahren Fremden zugänglich gemacht. Unvorstellbar, wenn man bedenkt, dass es 1970 nur sechs Kilometer geteerte Straßen gab!

»Ich möchte Ihnen zum Abschluss unserer Tour nun noch einige Informationen über den Sultan und unser Leben geben. Ich weiß, dass viele Dinge in Ihrem Land ganz anders geregelt sind als hier. Interessiert Sie das?«

»Natürlich, deshalb sind wir ja schließlich hier«, ergreift ein beleibter Herr forsch das Wort und spricht uns allen aus der Seele.

Khalib fährt voller Stolz fort: »Sultan Qaboos wurde 1940 geboren, hat in England studiert und in Deutschland in den Militärdienst geschnuppert, bis er, der damals weit gereiste Dreißigjährige, als Sultan 1970 die Macht über das Land übernahm. Eine rasante Entwicklung setzte mit den ersten Erdölfunden und Gasförderungen ein, die künftig für den Wohlstand des Landes sorgen sollten. Insgesamt leben heute zirka 2,5 Millionen Menschen im Oman, davon 1,5 Millionen Omanis, der Rest sind überwiegend Gastarbeiter. Wie schon gesagt, sorgt der Sultan für sein Volk. So ist beispielsweise das Gesundheitssystem komplett kostenfrei, alle Behandlungen werden bezahlt, auch wenn man ins Ausland muss, um operiert zu werden. Auch das Schulsystem ist kostenfrei. Alle Kinder ab sechs Jahren müssen für zwölf Jahre zur Schule. Viele erhalten ein Stipendium, um anschließend im Ausland studieren zu können. Steuern muss in diesem Land keiner zahlen. Das Geld, das wir verdienen, gehört uns. Bei euch heißt das irgendwas wie *brutto* und *netto*. Dieses System habe ich nie verstanden. Erst bekommt man das Geld und dann nimmt es einem der Staat zum Großteil wieder weg, und am Jahresende bekommt man wieder einen Teil zurück. Nein, so etwas Kompliziertes gibt es bei uns nicht.«

Ein Raunen geht durch die Zuhörer: »Wie im Schlaraffenland …«

Mit einem breiten, süffisanten Lächeln fährt Khalib fort: »Und wenn man, egal ob Mann oder Frau, das dreiundzwanzigste Lebensjahr erreicht hat, erhält man vom Sultan ein Stück Land, damit man ein Haus bauen kann.«

Jetzt wird selbst unser *Aida*-Scout neidisch. »Sag mal, bist du eigentlich schon vergeben?« Sofort wird diese Idee von der Reisegruppe aufgenommen. »Ja, ihr wärt ja ein schönes Paar.« Verlegen schaut Khalib zu der jungen Frau. »Ich habe schon eine Auserwählte und wir werden bald heiraten.«

»Das freut mich für dich. Schade für mich. Nach meinem *Aida*-Job hier in der arabischen Welt werde ich mal einen Gesetzesänderungsvorschlag mit entsprechenden Anregungen an die deutsche Regierung schicken. Wäre doch schön, wenn es bei uns keine Steuern gäbe, das Gesundheitswesen kostenfrei wäre und jeder ein Stück Land bekäme. Das fände ich schwer in Ordnung. Sie auch?« Verschmitzt schaut sie in die Runde.

Natürlich erntet sie kräftigen Beifall.

Wir sind uns alle einig: Der Ausflug war klasse und hat uns sehr viel von diesem Land vermittelt, auch dank der sympathischen und kompetenten Reiseleiter. Inzwischen knurrt uns allen vernehmlich der Magen, und wir freuen uns auf unser Luxusschiff. Nachmittags ist nur die Pizzeria geöffnet, später gibt es Kaffee und Kuchen. Gerne nehmen wir beides ein und beschließen, nochmals mit dem Shuttle in den Souk zu fahren, obwohl das Sonnendeck mit seinen Liegestühlen verdammt verlockend aussieht.

»Komm, Karina, werde jetzt bloß nicht schwach. Wir wollen noch mal los. Hinlegen kannst du dich morgen den ganzen Tag, da sind wir wieder auf See.«

Meine Mama hat ja so Recht!

Mit dem Shuttlebus fahren wir nur wenige Minuten durch den Hafen und erreichen wieder die *Corniche*, die Uferpromenade. Bei herrlichen sechsundzwanzig Grad schlendern wir entlang und genießen einfach den Oman, wohl wissend, dass wir ihn in wenigen Stunden schon wieder verlassen müssen. Entlang der *Corniche* wurden Kunstwerke aufgestellt, von denen uns die tanzenden Delfine am besten gefallen. Zahlreiche Ruhebänke und überdachte Veranden mit goldenen Kuppeln laden zum Verweilen ein und werden von vielen Omanis ausgiebig genutzt. Friedlich und ausgelassen ist die Stimmung. Wir setzen uns zu ihnen auf die Bank und genießen die arabische Sprache, die laue Luft, den Blick auf das Meer und die Bucht. Die sandfarbene Luxusjacht des Sultans, eine hölzerne *Dhow* aus dem vergangenen Jahrhundert, dahinter das gigantische *Aida*-Schiff: welch ein Anblick!

Noch einmal tauchen wir im Souk von Muttrah in die Welt von Tausendundeiner Nacht ein. In dem bunten Markt werden Plastikspielzeuge, Shishahpfeifen, Nylonhemden ebenso angeboten wie Silber- und Goldschmuck, Khanjars, Seiden- und Pashminaschals. Natürlich wollen auch wir Souvenirs von der Reise mitbringen und entscheiden uns nach langen Verhandlungen für fünf der wirklich schönen Schals, die uns in allen Qualitäten und zu jedem Preis angepriesen werden. Ob sie nun wirklich aus Kaschmir und Seide und Pashmina bestehen, wird wohl ewig ein Geheimnis bleiben.

Schnell sind die neunzig Minuten vergangen, und fast wehmütig müssen wir zum Schiff zurück. Schade, dass wir nur einen Tag zur Besichtigung hatten; das Land hat noch so viel zu bieten. Um halb sieben heißt es nämlich wieder alle Mann an Bord.

Das Auslaufen aus dem Hafen von Muscat ist ein reines Spektakel; malerisch das Glitzermeer von Häusern an der Bergkette, über dem sich auf den Bergkuppen die beleuchteten Forts erheben. Oman, wir kommen ganz bestimmt wieder!

Am Abendtisch, wir haben uns heute für das Marktrestaurant entschieden, gesellen wir uns an einen runden Achtertisch, an dem noch zwei Plätze frei sind. Ein reges Gespräch über all die Erlebnisse und Ausflüge des Tages kommt in Gang. Die beiden Damen zu unserer Rechten hatten die Jeeptour »Grand Canyon« gebucht. Sie wirken etwas blass um die Nase, und natürlich wollen alle wissen, wie es war. Mir hätte diese Tour ja auch in der Nase gesteckt, aber aus Rücksicht auf den Rücken meiner Mutter habe ich darauf verzichtet.

»Es war sehr faszinierend, aber auch anstrengend. Wir wurden total durchgerüttelt vom Geschaukel des Jeeps.«

»Klingt ja nicht so toll. Zum Glück haben wir die Tour nicht gemacht«, meint meine Mutter.

»Oh, doch, es war sehr sehenswert. Erst fuhren wir in die Oasenstadt Nizwa. Das allein war schon sehr beeindruckend. Sie müssen sich vorstellen, Sie fahren erst stundenlang durch Wüste und Geröll, und dann taucht vor Ihnen eine Stadt mit einem Meer aus Palmen auf. Die Altstadt ist sandfarben, und vom Fort aus hat man einen grandiosen Blick über die Oasenstadt und die Wüste. Ja, und dann fuhren wir nur noch Serpentinen, in atemberaubender Landschaft mit Schluchten, Wasserläufen und Steilhängen. Diese Wadis sind sehr schön anzusehen. Die mehr als dreistündige Rückfahrt war allerdings anstrengend. Trotzdem sind wir sehr froh, an der Tour teilgenommen zu haben.«

Insgeheim nehme ich mir vor, beim nächsten Mal auch so etwas Abenteuerliches zu buchen, denn dass ich noch einmal in den Oman reise, steht schon fest. Auf Kreuzfahrten kann man eben in die unterschiedlichen Länder nur hineinschnuppern und pickt sich das heraus, was einem am besten gefällt.

Das andere Pärchen, das uns gegenüber sitzt, hatte die Radtour gebucht und scheint ebenfalls zufrieden. Die Tour war nur zirka zwanzig Kilometer lang und führte zu den wichtigsten Sehenswürdigkeiten Muscats.

»Das ist ja eine tolle Idee – mit dem Fahrrad durch den Oman. Das könnten wir doch auch mal machen, falls es nicht zu anstrengend ist.«

Ines' Augen funkeln, denn sie liebt das Radfahren. Über den ganzen Sommer lässt sie das Auto stehen, und alle Einkäufe werden mit dem Rad erledigt. So wird Sprit gespart, man tut noch was für die Umwelt, und für die Gesundheit sowieso. Ihr Ehemann berechnet dann die Einsparung für das Benzin und legt jeden Cent beiseite. Über die Jahre ist so schon ein ganz schönes Sümmchen zusammengekommen, wovon wiederum ein Teil der Urlaube finanziert wird.

»Oh, bei den Radtouren müssen Sie aber darauf achten, dass Sie keine zu anspruchsvolle Tour wählen. Einige haben da schon kapituliert und sind in Tränen ausgebrochen. Aber das kann man ja erfragen.«

Das ist ja nun mein Thema: Rad fahren mit der *Aida*. Besser gesagt mit meinem Urlaubsflirt Marcello, dem *Aida*-Radguide aus der Schweiz … Damals meinte Marcello, er sei voraussichtlich in der kommenden Wintersaison in den Arabischen Emiraten als Radguide im Einsatz. Aber bei den Scouts ändert sich ja ständig etwas. Wahrscheinlich ist er gerade genau auf der entgegengesetzten Seite dieser Erde?

Vielleicht weiß ja jemand von den anderen Scouts, wo Marcello arbeitet. Das muss ich unbedingt herausbekommen, ohne dass meine Mutter davon erfährt. Natürlich habe ich sie nicht von diesem Tête-à-Tête unterrichtet. Sie wäre bestimmt entsetzt gewesen.

»Karina, hallo, hörst du nicht? Wo bist du denn mit deinen Gedanken? Machen wir mit?« Ines zwickt mich in den Oberarm.

»Äh, wobei? Entschuldige, ich war gerade nicht bei der Sache.«

»Das habe ich gemerkt. Das ist doch eine prima Idee von dem Pärchen, die nächste Radtour mitzufahren. Ich werde mich gleich morgen darum kümmern.«

»Ja, ja, mach du mal.«

»Vielen Dank für den Tipp. Vielleicht treffen wir uns ja demnächst im Radlerdress. Noch einen schönen Abend.«

»Wir fahren auf alle Fälle die Tour in Abu Dhabi mit. Bis dann!«

Die beiden verzichten auf den Nachtisch, denn sie wollen sich noch die Show ansehen. Eigentlich hätten wir uns anschließen sollen, aber das Angebot an süßen Desserts ist einfach zu verlockend. Nur noch einen Crêpe mit einer Kugel Eis, gerösteten Mandeln, einem Tuff Sahne, verziert mit heißer Kirschsoße – hm, einfach köstlich. Schließlich haben wir ja heute Mittag nur eine Kleinigkeit gegessen. Ines bevorzugt einen Obstteller, gönnt mir aber meine Kalorienbombe von Herzen. Ich habe mir vor dieser Reise geschworen, nicht ein einziges Mal an die zusätzlichen Pfunde zu denken, sondern einfach nur zu schlemmen. Die Kilos werde ich dann im nächsten Jahr wieder abtrainieren – zumindest theoretisch.

Auch wir entscheiden uns noch für einen Gang aufs Pooldeck. Heute Abend finden die »Oriental Nights« statt. Bei lauen Temperaturen wie in einer europäischen Sommernacht wird unter freiem Sternenhimmel getanzt und die Nacht mit exotischen Düften und Klängen, bunten Kostümen und Schleiertänzen verzaubert. Das Pooldeck ist gerammelt voll, und nach der Bauchtanzshow gibt es kein Halten mehr: Die Gäste strömen in Scharen auf die Tanzfläche und bewegen sich im Rhythmus der arabischen Musik oder versuchen es zumindest. Wir lassen das Tanzen heute Abend sein und genehmigen uns an der Bar neben dem Nightclub, wo es etwas ruhiger zugeht, noch einen Cocktail. Der seidige Nachtwind weht uns durchs Haar, und ein Freiheitsgefühl wie auf der *Titanic* durchströmt uns.

»Mein Gott, ist das schön!« Ines spricht aus, was mir selbst auf der Zunge lag. »Schau mal den Sternenhimmel an und das beleuchtete Schiff, der Blick über die tanzende Masse, die Musik, der Drink … ist das nicht herrlich? Karina, das ist das schönste Geschenk, das ich je in meinem Leben erhalten habe. Dass ich auf meine alten Tage noch einmal so etwas erleben darf, hätte ich nie zu träumen gewagt. Ich danke dir von ganzem Herzen.« Dabei haucht sie mir einen Kuss auf die Wange. »Wie schade, dass mein Mann nicht für so eine Reise zu begeistern ist.«

»Warte mal ab, vielleicht bekommen wir ihn ja doch noch mal auf so ein Schiff. Ich bin mir sicher, er wäre ebenso begeistert wie du.«

»Aber er meint, so eine Reise sei nicht seine Welt. Die Leute seien zu abgehoben, das Schiff zu exklusiv, die Reise zu teuer, die Anreise zu weit und alles viel zu exotisch. Er brauche so etwas nicht.«

»Du hattest ja sehr ähnliche Bedenken.«

»Ja, und völlig überflüssige. Die Menschen an Bord sind überhaupt nicht abgehoben, im Gegenteil, im Großen und Ganzen sind sie sehr nett und zugänglich. Ich hätte nie gedacht, dass man so leicht Kontakt bekommt. Schau doch mal, wie viele wir in der kurzen Zeit schon kennengelernt haben.«

»Das ist wohl wahr. Dabei trifft man sich nicht zwangsweise wieder, denn dazu ist das Schiff einfach zu groß und das Programm viel zu abwechslungsreich.«

»Das mit dem Schickimicki und dem teuer ist schon gar nicht zutreffend. Das Schiff ist einfach nur wunderschön ausgestattet. Erstaunlicherweise trifft es den Geschmack der Siebzigjährigen ebenso wie den der Zwanzigjährigen. Es ist alles viel lockerer und unkomplizierter, als ich es mir vorgestellt hatte. Man kann sich hier kleiden, wie man möchte, und essen gehen, wann und was man will. Jeder kann seinen Tag nach eigenem Gutdünken gestalten.«

»Du klingst ja schon fast so begeistert wie ich!«

»Warte mal ab, bis wir unsere Reise beendet haben, vielleicht übertreffe ich dich dann noch mit meiner Begeisterung. Es ist aber auch zu herrlich: Du legst dich in dein wunderbares Bett und lässt dich chauffieren, und am nächsten Morgen bist du ausgeruht am neuen Zielort, wo es wieder unglaublich viel zu entdecken gibt. Bequemer und schöner kann man eine Reise doch gar nicht haben. Und nicht zu vergessen: kein einziges Mal Koffer ein- und auspacken! Ich kann gar nicht verstehen, warum wir nicht schon früher auf diese Art des Reisens aufmerksam geworden sind.«

»Siehst du. Die Amerikaner haben das übrigens schon ganz lange entdeckt, wir Deutschen hinken eben immer einige Jahre hinterher. Es boomt aber zur Zeit keine Branche so stark wie der Kreuzfahrtmarkt mit seinen unglaublichen Zuwachsraten. Schau mal, selbst ich bin schon ein Wiederholungstäter. Und du wirst es bestimmt auch noch, darauf wette ich meinen Kopf!«

Von diesem schwärmerischen Gefühl und dem leichten Alkoholpegel beduselt, schwanken wir Arm in Arm die Treppen hinunter zu unserer Kabine im achten Deck.

Kapitel 4

Abu Dhabi, das reichste Emirat

Zum Glück dürfen wir heute ausschlafen, denn wir legen erst heute Abend in Abu Dhabi an. Solche Seetage sind auf einer Kreuzfahrt ganz wichtig, denn sie bringen Ruhe in den Tour-Ablauf, indem sie auch mal ein Ausschlafen erlauben, ein längeres Sonnenbad nach einem ausgedehnten Frühstück, das eine oder andere Sportprogramm, den Besuch von Vorträgen und dergleichen mehr.

»Ich habe wunderbar geschlafen, vielleicht sollten wir öfter einen *Caipi* zum Einschlafen trinken.«

»Und das aus deinem Mund, Mutter! Du trinkst doch so was sonst nicht, höchstens mal ein Gläschen Wein. Ups, hast du mal auf die Uhr gesehen?«

»Ach du meine Güte, schon halb zehn! Jetzt aber raus aus dem Bett. Meinst du, die Sonne scheint?«

Über das ITV-Wundergerät überträgt die Livekamera am Heck des Schiffes aktuelle Aufnahmen, und unübersehbar strahlt die Sonne am Horizont.

So spät haben wir unser Frühstück noch nie eingenommen. Dafür erhalten wir einen sehr schönen Sitzplatz auf der Terrasse des *Weite-Welt*-Restaurants auf Deck zehn. Ausgiebig schlemmen wir uns durch die einzelnen Stände. Immer wieder entdecken wir neue Köstlichkeiten: exotische Früchte, allerlei Meeresgetier, Eierspeisen, frisch zubereitete Milkshakes, eine Müsliecke, Croissants, eine komplette Wurst- und Käsetheke, alles frisch und reichhaltig. Einzig der Kaffee, der in den Thermoskannen auf den Tischen steht und grenzenlos konsumiert werden kann, lässt zu wünschen übrig. Wir entscheiden uns immer öfter für einen frisch aufgebrühten Tee aus der unglaublichen Vielfalt des Teeschranks. Während uns die Sonne angenehm wärmt, der Magen mehr als gefüllt ist, schmökern wir in unserem Tagesprogramm, das täglich neu an die Kabinentür gesteckt wird. Ein großes Angebot an Veranstaltungen unterschiedlichster Art liegt heute vor. Es gibt Tanzkurse für langsamen Walzer über Bauchtanz bis hin zu Salsa, Volleyball mit dem Clubteam, Tischtennis, Fußballspiel, Shuffleboard, und wer es weniger sportlich, dafür etwas kreativer mag, der kann sich zum Maltreff »Farbe und Meer« anmelden oder am Blumenworkshop für Tischschmuck und Türkränze teilnehmen. Außerdem werden nautische Stunden über Navigation und Technik von Maschinen und Brücke angeboten. Am liebsten würde man alles einmal mitmachen, aber dazu reicht die Zeit natürlich nicht. Wir entscheiden uns für den spannenden Vortrag der Lektorin über Abu Dhabi und das Königreich Bahrain, »Tradition kontra Vision«, und am Nachmittag über den Islam. Außerdem möchten wir uns ja für die Radtour anmelden. Oder war das doch nur eine Schnapsidee meiner Mutter?

Am Nachmittag gönnen wir uns ein Sonnenbad auf dem Pooldeck. Es ist schwer, eine Liege zu ergattern, aber ganz hinten haben wir Glück und genießen unser Nickerchen. Unzählige bräunungssüchtige Gäste in Bikini und Badehose liegen herum, nach Sonnenöl duftend und zum Teil schon dunkelrot angeräuchert. Die Gefährlichkeit der UV-Strahlen wird hier völlig ignoriert; nun gut, das muss jeder mit sich selbst ausmachen. Der Blick über das volle Pooldeck lässt schon ein wenig an überfüllte Strände denken. In ein gutes Buch versunken, stören mich aber all die Menschen nicht mehr.

Am Abend beschließen wir uns aufzuteilen, Ines besucht den Vortrag über den Islam und ich versuche uns für die Radtour anzumelden und nebenbei Auskünfte über Marcello einzuholen. Am Bikecounter auf Deck elf hat sich schon eine richtige Schlange durchtrainierter Gäste gebildet, die sich anscheinend alle noch für eine Radtour anmelden möchten. Als ich nach dreißig Minuten kurz vor Schließung des Schalters endlich an der Reihe bin, erfahre ich, dass die Touren schon alle ausgebucht sind.

Mist! Hätten wir doch früher gebucht! Deshalb an dieser Stelle ein Tipp an die Leser: Wenn Sie im Vorfeld schon genau wissen, welchen Ausflug Sie buchen möchten, tun Sie das am besten schon zu Hause über Ihr Reisebüro, das Internet oder direkt über *Aida*. Nur so können Sie sicher sein, auf die Tour zu kommen. *Aida* räumt Ihnen sogar einen kostenfreien Rücktritt oder eine Umbuchung vor Ort ein, falls Sie sich später umentscheiden. Alternativ dazu können Sie gleich zu Beginn der Tour über die Buchungscounter buchen oder über das ITV in Ihrer Bordkabine. Damit ersparen Sie sich lästiges Anstehen und Frustration.

»Da müssen Sie sich früher anmelden«, sagt der Scout. »Die Radtouren sind sehr begehrt und wir haben leider nur achtzig Räder. In drei Tagen sind wir wieder in Dubai. Da gibt es noch ein paar Restplätze.«

Ohne Rücksprache mit meiner Mama melde ich uns kurzerhand für die Tour in Dubai an.

»Fahren Sie alleine?«

In diesem Moment schießt mir das Blut in den Kopf und mein Herz beginnt zu rasen. Das ist genau die Frage, die mir Marcello damals auf der Kanarentour gestellt hat. Ich nehme meinen ganzen Mut zusammen und frage, etwas schüchtern: »Ähm, sagt Ihnen der Name *Marcello* was?«

»Sie meinen den Guide-Kumpel Marcello aus der Schweiz?«

Mein Gesicht zeigt bestimmt schon wieder diese grässlichen roten Flecken, und am liebsten würde ich in den Erdboden versinken.

»Ja, genau den meine ich. Wissen Sie, ob er auch hier im Einsatz ist?«

In dem Moment weiß ich gar nicht mehr, ob mir das überhaupt lieb wäre. Ich glaube, ich wäre einem Wiedersehen gar nicht gewachsen.

»Hier ist er nicht, aber soweit ich informiert bin, sollte er die Dubai-Tour fahren, musste aber noch eine Mittelmeertour ausarbeiten und soll nachkommen.«

Ich traue mich kaum zu fragen: »Wissen Sie, wann?«

»Nein, das kann ich Ihnen nicht sagen, aber vielleicht weiß das Christian, der ist nämlich für ihn eingesprungen. Netter Kerl, der Marcello, habe mit ihm paar Touren auf den Kanaren gemacht. Sie kennen ihn?«

»Ein wenig. Wir … wir … ich habe auf Gran Canaria eine Tour mit ihm gebucht.«

»Aha.« Als könnte er erahnen, dass da was gelaufen ist. Ich muss unbedingt aus dieser peinlichen Situation raus.

Wie von Geisterhand tippt mir jemand von hinten auf die Schulter. Ich zucke zusammen. Nein, das kann doch nicht ER sein!!!

Mein Gott, jetzt reiß dich aber mal zusammen!

»Entschuldigung. Ich möchte ja Ihr Gespräch nicht unterbrechen, aber der Counter wird gleich geschlossen. Ich hatte mich für die Radtour morgen angemeldet, zusammen mit meiner Freundin. Die ist aber krank und kann nicht mitfahren. Kann ich die Tickets zurückgeben?«

»Normalerweise können wir so kurzfristig keinen Ersatz mehr finden, aber …« Der Scout schaut mich an: »Hatten Sie nicht gesagt, Sie wollten gerne die Tour in Abu Dhabi fahren?«

»Ähm, nein. Ich meine, ja. Wir sind zu zweit, ich würde gerne beide Tickets haben.«

Und ehe ich mich versehe, habe ich zwei Tickets für die Radtour in der Hand.

»Aha, also doch nicht alleine! Dann passt das ja. Wie groß ist Ihr Freund?«

»Nein, ich reise mit meiner Mutter.«

»Ach so … Dann haben wir aber ein kleines Problem. Ich habe nämlich nur noch diese beiden Mountainbikes. Kann

Ihre Mutter denn mit solch einem Sportrad fahren? Ist die so fit?«

Gut, dass Ines nicht dabeisteht, sie wäre bei diesem Satz bestimmt an die Decke gegangen.

»Ja. Sie ist echt fit. Ob sie mit dem Mountainbike zurechtkommt, weiß ich allerdings nicht.«

Der Scout schaut einen Moment ratlos drein, dann schnalzt er mit der Zunge und meint: »Ach, sehn wir mal. Wird schon irgendwie klappen. Auf Deck drei werden jetzt die Helme und Rucksäcke ausgegeben, die müssen Sie sich gleich noch besorgen. Und wegen Marcello können Sie morgen ja mal Christian fragen, er wird eine der Touren begleiten. Viel Spaß.«

Das war ja wohl oberpeinlich! Dass mir in meinem Alter so was noch passiert! Ich bin doch eine gestandene und dazu noch verheiratete Frau und führe mich hier auf wie ein Teenager. Völlig in Gedanken versunken laufe ich mit den Tickets zum *Theatrium* zurück, wo mich Ines bereits erwartet.

»Sag mal, das hat aber lange gedauert.«

»Ja, war auch etwas kompliziert. Erkläre ich dir gleich, aber erst müssen wir auf Deck drei den Helm und den Rucksack abholen.«

»Also fahren wir morgen. Wie lang ist die Tour?«

»Ach, nur ungefähr vierzig Kilometer.«

»Was, so weit und das bei der Hitze? Habe ich denn ein Rad mit Rücktritt?«

»Nein. Du darfst ein Herrenmountainbike fahren. Das ist mal was ganz anderes. Wenn wir Glück haben, tauscht aber jemand mit uns.«

»Ein Mountainbike? Auf so was bin ich noch nie im Leben gefahren! Das kannst du vergessen!«

Nach einigem Hin und Her hat Ines den ersten Schock verdaut und sich wieder einigermaßen beruhigt. Als Letzte erreichen wir Deck drei und ergattern noch zwei Helme, Rucksäcke und Trinkflaschen.

Am Motorengeräusch erkennen wir, dass unser Schiff gerade im Hafen von Abu Dhabi angelegt hat. Wir stärken uns noch schnell im *Bella-Vista*-Restaurant, bevor wir uns in Schale werfen: Heute Abend möchten wir noch unbedingt ins *Emirates Palace*, eine der nobelsten Hotel-Adressen der arabischen Hemisphäre. Wir wollen diese Tour auf eigene Faust unternehmen und fahren mit dem Shuttlebus in die Stadt. Allein das Ergattern eines Taxis stellt eine wahre Herausforderung dar. Wenn wir uns an einem der Taxistände vor den Einkaufszentren anstellen müssten, würden wir wohl erst in einigen Stunden unser Ziel erreichen. Eine Vierergruppe vom *Aida*-Schiff hat wohl die gleichen Absichten wie wir. Beherzt stellen sie sich einhundert Meter vor dem Taxistand an die Straße und erhalten prompt eine Mitfahrgelegenheit. Üblicherweise ist diese Art nicht gerade gentlemanlike, aber in Ausnahmefällen adäquat. Kurzerhand entschließen wir uns, dasselbe zu probieren, und siehe da, nach wenigen vorbeigefahrenen Taxen hält doch tatsächlich eines an.

»*Hurry up!* Schnell, steigen Sie ein. Es ist verboten, hier anzuhalten«, erklärt uns der Taxifahrer in sehr schlechtem Englisch. Ich bestehe auf dem Einschalten des Taxameters, den er offensichtlich zufälligerweise vergessen hat, und er ist alles andere als erfreut. Ins *Emirates Palace*? Niemand weiß, ob wir wirklich mit dem Taxi hineinfahren dürfen, aber einen Versuch ist es allemal wert. Unser Fahrer ist ebenfalls skeptisch, meint aber: *»We try!«*

Am imposanten goldenen Tor zum Luxushotel werden wir angehalten. Die Wache beäugt uns misstrauisch und fragt nach dem Grund unseres Besuches. *»Why do you want to go to the Emirates Palace?«* Es sieht so aus, als müssten wir umkehren. Blitzschnell antworte ich: *»We would like to have a drink there.«*

Ob wir eine Reservierung hätten? Haben wir natürlich nicht; aber unsere Freunde würden uns dort schon erwarten. Ich setze mein charmantestes Lächeln ein und er winkt uns durch. Wow! Wir haben es geschafft! Selbst unser Taxifahrer ist überrascht. Souverän geleitet er uns durch die imposante Auffahrt mit unzähligen Fontänen und beleuchteten Palmenalleen.

Oben am Hauptportal werden wir wie die VIPs empfangen auf dem roten Teppich. Das gesamte Hotel wirkt wie ein Märchenbau aus Tausendundeiner Nacht mit seinen einhundertvierzehn Kuppeln und einer Länge von achthundert Metern. Sheikh Zayed ließ ursprünglich den Palast für Staatsempfänge erbauen; da er aber nicht rechtzeitig fertig wurde, wurde kurzerhand ein neuer Verwendungszweck in Form eines Prestige- und Luxushotels aufgetan. 2005 wurde das Sechs-Sterne-Hotel eingeweiht und ist fortan das Aushängeschild für Abu Dhabi. Unter der Leitung der Kempinski-Hotelgruppe wird es gemanagt und verfügt über dreihundertzwei Zimmer und zweiundneunzig Suiten.

Ein wenig fühlen wir uns schon eingeschüchtert beim Betreten der luxuriösen Empfangshalle. Einfach nur gigantisch! Alles glänzt und glitzert in Goldtönen, das meiste davon soll echtes Blattgold sein. Ein Blick nach oben in die riesige Kuppel verschlägt uns die Sprache. Wir schlendern neugierig durch die Flure und erhaschen einen Blick in den überdimensionalen Garten, der mit einem eigenen, zwei Kilometer langen Strandabschnitt und individuellem Jachthafen imponiert. Von der Terrasse des zweiten Stockwerkes ertönt arabische Musik. Im Open-Air-Restaurant im Park des Hotels findet eine Feier von offenbar Einheimischen statt. Die Frauen, in ihre schwarzen *Abbayas* gehüllt, sitzen mit einigen wenigen kleineren Kindern an einem langen Tisch zusammen, während die Männer mit ihren *Shishahs* eine eigene Tafel belagern. Das Plaudern und Gelächter beider Geschlechter dringt bis zu unserer Terrasse.

»Dieses Hotel und das Gartenrestaurant sind bei den Arabern sehr beliebt. Sie feiern hier Geburtstage, Familienfeiern, halten Geschäftsessen ab. Weit und breit gibt es nirgends so einen schönen grünen Park und ein solch schönes Ambiente«, erklärt uns eine Hotelangestellte der Kempinski-Gruppe aus Deutschland. »Leider können wir Ihnen kein Zimmer zeigen, da wir komplett ausgebucht sind.«

Auf unsere Frage, wer sich denn in dieser Zeit, in der die ganze Welt unter dem Druck der Finanzkrise zusammenzubrechen scheine, überhaupt noch so ein Zimmer leisten könne, antwortet sie ganz sachlich: »Sie glauben ja gar nicht, wie viele Deutsche hier Urlaub machen. Aber natürlich haben wir auch viele Geschäftsreisende aus aller Welt.«

Schade, wir hätten so gerne mal ein Doppelzimmer besichtigt – weiß man doch nie, ob man nicht eines Tages mal wiederkommt. Natürlich begegnen wir ständig den anderen *Aida*-Gästen, die ebenso neugierig wie wir durch den Palast schlendern. Die meisten sind mit der Gruppenbuchung hierhergekommen, inklusive Cocktail und Snack. Schon der Besuch der Toiletten ist ein Erlebnis! Die Farbe Gold beherrscht die Räumlichkeiten, und frische Rosen duften. Natürlich darf auch hier das Selbstbildnis von Sheikh Zayed nicht fehlen. In einen Goldrahmen eingefasst, überstrahlt er in überdimensionaler Größe die Lobby und beeindruckt den Betrachter, ebenso wie sein Gemälde vor dem Palast. Unglaublich, dass dieser Mann Analphabet war. Er konnte weder lesen noch schreiben und hat es bis zu seinem Tode im Jahr 2004 kategorisch abgelehnt, es noch zu erlernen.

Geradezu unvorstellbar, der gigantische Steilaufstieg dieses Emirates. Noch in den sechziger Jahren gab es hier kaum mehr als zweitausend Einwohner, die, wie bereits erwähnt, in ganz einfachen Hütten am Strand hausten. Bis 1963 gab es noch keinen Strom – wie weit waren wir da in Deutschland schon entwickelt! Und heute schauen wir neidvoll auf diese Destination, die uns in vielen Dingen um Meilen voraus ist. Quasi über Nacht wurde aus dieser armen Region eines der reichsten Länder der Welt, in dem modernste Wissenschaft und Bautechnik eingesetzt werden. Ähnlich dem europäischen Vorbild haben sich auch hier die sieben Emirate zusammengefunden und die Vereinigten Arabischen Emirate gegründet: Abu Dhabi, Dubai, Sharjah, Ajman, Ras al Khaimah, Umm Al-Qaiwain und Fujairah. Abu Dhabi ist durch die Ölmengen, die hier gefördert werden, der größte und reichste dieser Staaten. Tief beeindruckt von diesem Luxuspalast, der zwar prunkvoll, aber nicht protzig wirkt, kehren wir in der Dunkelheit zu unserem Luxusschiff zurück, das angestrahlt nicht minder spektakulär wirkt. Trotz fortgeschrittener Uhrzeit, es ist bestimmt schon nach Mitternacht, ist die Party auf dem Pooldeck noch in vollem Gange. Wir schwingen noch kurz das Tanzbein und genießen einen Cocktail an der Bar, bevor wir unsere Kabine aufsuchen, wo wir alsbald in goldenen Träumen versinken.

Unser hypermodernes ITV reißt uns jäh aus Morpheus' Armen. Die Nächte sind hier einfach zu kurz. Oder gehen wir etwa zu spät zu Bett? Ines hatte noch nie Probleme mit dem Aufstehen, ganz im Gegensatz zu mir. Der Apfel fällt also doch manchmal weiter vom Stamm, als man denkt. Während meine Mutter singend ihre morgendliche Dusche genießt, zappe ich noch durch die Fernsehkanäle. Schon verrückt, wenn man in achttausend Kilometern Entfernung die deutschen Fernsehsender empfangen kann; gleich fühlt man sich wie im heimischen Wohnzimmer. Im ARD bringen sie gerade die Nachrichten: das übliche Gejammere, die Katastrophen, zum Schluss das mieselprimelige Wetter, ein Grau in Grau bei kalten sechs Grad mit Regen. Die Armen zu Hause! *Wir* dürfen hier bei wunderbaren achtundzwanzig Grad unter azurblauem Himmel die Seele baumeln lassen.

Gerade möchte ich den Fernseher ausschalten, da schnappe ich noch die Nachricht auf: »Nun folgt eine Sondersendung zu dem abgewehrten Piratenüberfall im Persischen Golf auf ein luxuriöses Kreuzfahrtschiff.«

Was? Piraten? Das gibt es doch nur in Hollywoodfilmen wie *The pirates of the Caribbean* mit Johnny Depp!

»Mama, hör mal, da gab es einen Vorfall mit Piraten hier im Persischen Golf – ein Überfall auf ein deutsches Kreuzfahrtschiff!«

Blitzschnell steht Ines, eingehüllt in Badehandtuch und Turban, neben dem Bett, und wir lauschen den Worten des Moderators: »Zum Glück konnte der Übergriff der Piraten vereitelt werden. Das deutsche Kreuzfahrtschiff konnte dank dem Einsatz der Hanseatischen Marine gerettet werden, die die Piraten in die Flucht schlug. Während der gesamten Reise wird die Flotte weiterhin das Kreuzfahrtschiff begleiten.«

»Ach du meine Güte. Piraten! Dass es so etwas heute noch gibt. Hast du mitbekommen, um welches Kreuzfahrtschiff es sich handelt?« Ines ist regelrecht schockiert.

»Nein, sie berichten immer nur von einem deutschen Schiff. So viele davon zur gleichen Zeit wird es ja hier im Persischen Golf nicht geben.

»Oh Gott, es wird doch nicht die *Aida* sein?«

»Ach was!«, versuche ich meine Mutter zu beruhigen. Aber ein wenig mulmig ist mir auch. Obwohl, die hätten uns doch bestimmt gewarnt!

Auch wenn uns die Angst im Nacken sitzt, schlüpfen wir in unser sportlichstes Outfit, das wir dabeihaben. Am Frühstückstisch interviewen wir gleich unsere Mitreisenden über den Piratenvorfall. Ein Düsseldorfer Ehepaar Mitte fünfzig scheint da bestens informiert.

Marianne ergreift gleich das Wort: »Wir haben das gestern in den deutschen Nachrichten gehört und haben natürlich sofort zu Hause angerufen. Die haben sich alle große Sorgen gemacht, da der Name des Schiffes nicht erwähnt wurde. Es war wohl immer nur von einem deutschen, luxuriösen Kreuzfahrtschiff im Persischen Golf die Rede. Wir haben hier ja auf dem Schiff überhaupt nichts mitbekommen.«

»Ja, hat es uns denn betroffen?«, fragt eine andere Tischnachbarin neugierig, die anscheinend noch gar nichts von diesem Vorfall mitbekommen hat. »Wissen Sie, ich habe mir im Urlaub angewöhnt, komplett abzuschalten. Ich schaue nicht fern. Aber *Piratenangriff*, das klingt ja entsetzlich!«

»Nun regen Sie sich alle nicht auf. Wir haben natürlich auch gleich an der Rezeption nachgefragt. Die Piraten hatten es wohl nicht auf die *Aida* abgesehen und der Vorfall hat sich auf der Transsuez-Strecke ereignet. Dennoch sind auch hier an Bord Vorkehrungen getroffen und Geleitschutz geordert worden. Man wolle aber die Gäste nicht beunruhigen, weshalb auch nichts über den Vorfall berichtet worden sei. So wurde uns das erklärt.«

Marianne genießt es sichtlich, im Mittelpunkt des Interesses zu stehen. »In Deutschland wurde da natürlich mächtig Wirbel gemacht und alle Zeitungen scheinen voll davon zu sein. Also, ich an Ihrer Stelle würde mich mal bei meinen Angehörigen melden.«

»Danke für diese beruhigenden Informationen. Hoffen wir mal, dass uns nichts passieren wird. Karina, ich muss heute Abend unbedingt deinen Vater anrufen, sonst macht er sich Sorgen um uns.«

»Und ich Florian, der sich aber sicherlich keine Sorgen macht. Er sieht alles immer recht cool.«

Da wir mal wieder einen Wettlauf gegen die Zeit unternehmen, beeilen wir uns, um bei der Fahrradausgabe wenigstens nicht die Allerletzten zu sein.

Als wir die Gangway verlassen, erwartet uns bereits eine große Anzahl sportbegeisterter Gäste. Alle Altersgruppen sind vertreten, ebenso wie die unterschiedlichsten Körpermaße von supersportlich bis bierbäuchig. Die Gruppe hat sich um die Radguides im Halbkreis aufgestellt. Einer verliest die

Namen der Teilnehmer und die Nummern der Räder, worauf jeder sein Rad in Empfang nimmt. Die gesamte Radausgabe dauert zirka zwanzig Minuten. Und bis auf uns und zwei weitere Gäste haben alle ein Rad abbekommen. Wir stehen da wie bestellt und nicht abgeholt.

»Wie, ihr wollt auch noch mitfahren, seid ihr denn angemeldet? Laut meiner Liste sind alle Räder raus.«

Das muss Christian sein. An ihn muss ich mich halten, vielleicht kann er mir etwas über Marcello erzählen. Der zweite Guide kommt zu Hilfe und schaut nach dem Problem. Er ist derjenige, bei dem ich mich gestern Abend angemeldet habe.

»Ach, *Sie* sind das! Wo ist denn Ihre Mutter?«

»Hier«, ruft Ines und stellt sich direkt neben Christian auf. »Und ich sage Ihnen gleich, mit so einem Mountainbike werde ich *nicht* fahren!«

»Beruhigen Sie sich erst mal.« Christian dreht sich zu der wartenden Menge um, die bereits einträchtig mit ihren Rädern beschäftigt ist. »Wir brauchen ein Damenrad mit Rücktritt, würde jemand dafür ein Herrenmountainbike fahren?«

Totenstille. »Ach kommen Sie, es wird sich doch wohl jemand bereit erklären, unserer Ines ein passendes Rad zur Verfügung zu stellen!«

Und tatsächlich meldet sich eine durchtrainierte Radlerin, die zwar kein Rad mit Rücktritt hat, aber immerhin ein Damenmountainbike mit wesentlich kleinerem Rahmen.

»Ines, versuch mal, ob du damit klarkommst.«

Ja, so liebe ich die Jungs! Unkompliziert und direkt. Charmant und dennoch alles im Griff. Genau wie mein Marcello!

Mir bleibt keine andere Wahl, ich muss mit dem Herrenbike fahren, ein weiterer Tauschwilliger findet sich nicht. Ines dreht vorsichtig eine Proberunde und scheint klarzukommen. Mit ihren sportlichen Radlerhosen und dem schnittigen Helm, dazu dem sportlichen Mountainbike, sieht sie nie und nimmer aus wie eine fast Siebzigjährige.

»Hört mal alle her! Wir werden die Tour nun aufteilen. Wir sind vier Guides und ihr achtzig Radler, das macht nach meiner mathematischen Berechnung zwanzig pro Gruppe.«

Erstaunlicherweise klappt das Aufteilen reibungslos. Ines und ich gesellen uns zu Christian; weshalb genau zu ihm, weiß nur ich.

»Hallo und herzlich willkommen. Ich bin für heute euer Radguide und bin Christian aus Freiburg. Als Erstes prüft bitte, ob euer Rad richtig eingestellt ist. Der Sattel sollte eine Hand breit unterhalb eures Beckenknochens sein, den ihr hoffentlich noch alle fühlen könnt. Oder habt ihr schon so stark zugenommen?«

Das eine oder andere Speckröllchen hat sich doch tatsächlich schon eingenistet, zumindest bei mir. Aber ich habe mir ja fest vorgenommen, das diesmal zu akzeptieren und dafür das Essen an Bord ohne Reue zu genießen.

»Auch der Helm muss richtig sitzen. Zwei Finger breit über der Augenbraue. Da könnt ihr euch mit Speckröllchen nicht rausreden.« Ein Blick in unsere Radlerrunde stößt überall auf erheiterte Gesichter.

»So, vor dem Start noch einige wichtige Tipps. Wir befinden uns in einem arabischen Land. Radfahren ist hier so exotisch wie bei uns auf einem Elefanten reiten. Außer den Gastarbeitern fährt hier keiner Rad, schon gar nicht mit einem so edlen, geschweige denn mit Helm. Es ist also ganz normal, hier wie ein Exot angestarrt zu werden. Da es so wenig Radfahrer gibt, gibt es natürlich auch kein Radwegenetz wie in Deutschland, weshalb wir leider oft auf der Straße fahren müssen. Die Autos sind hier alle eine Spur größer als bei uns, fast alles schwarzverglaste Geländewagen. Also Vorsicht! Im Zweifel sind die stärker. Bleibt also als Gruppe zusammen, aber haltet den Sicherheitsabstand ein. Keiner überholt mich. Und wenn doch, ist eine Bierrunde fällig. Wer macht freiwillig den Schlussmann?«

Erstaunlicherweise meldet sich jemand freiwillig: Klaus mit dem orangefarbenen T-Shirt, den wir auf der Fahrt noch sehr schätzen lernen werden.

»Danke, Klaus. Das ist super von dir. Du bist unser wichtigster Mann. Sobald ich dich sehe, weiß ich, dass alle da sind. Jetzt werden wir erst mal aus dem riesigen Hafengebiet herausfahren. Das ist Sicherheitsgebiet, wir dürfen weder anhalten noch fotografieren. Bleibt als Gruppe beieinander und folgt mir. Los geht's!«

Ines und ich ordnen uns in der Mitte des Radlertrupps ein. Die ganz Sportlichen positionieren sich gleich an der Spitze. Zum Glück haben wir keine Berge zu meistern, denke ich, während ich eifrig in die Pedale meines viel zu großen Herrenmountainbikes trete. Der Fahrtwind streichelt sanft den Körper. Die Temperaturen sind geradezu ideal zum Radeln, das Lächeln des *Aida*-Kussmundes auf dem Fahrradholm spiegelt sich in den Gesichtern der Radler wider. Das ist Urlaub! Das ist Erleben! Das ist Freiheit! Unvorstellbar – da radeln wir doch tatsächlich durch das reichste und größte der Scheichtümer auf der arabischen Halbinsel, Inbegriff von purem Luxus, glitzernden Glaspalästen, Moscheen und schönen Stränden. Hier scheint Geld keine Rolle zu spielen. Abu Dhabi hat sich zum Ziel gesetzt, das grünste und pflanzenreichste Emirat zu werden. Für Unsummen von Dollar wurden Prachtstraßen angelegt, Gärten und kleine Parks mit Bachläufen und Springbrunnen. Eben genau auf solch einer Straße, der sogenannten *Corniche*, befindet sich gerade unser Radlertrupp. Rechts das endlos glitzernde Meer hinter dem hellen Streifen aus pudrigem Sand, links die hypermoderne Skyline und vor uns die hübsch angelegte Uferpromenade, Abu Dhabis zirka sechs Kilometer lange Flaniermeile. In den Weg wurden versenkbare Springbrunnen eingelassen, die uns immer wieder zum Ausweichen zwingen. Fußgängern begegnen wir kaum, und mit dem Rad ist schon gar niemand unterwegs. Voller wird es hier erst am Feierabend. Der Großteil des Jahres ist ohnehin zum Flanieren viel zu heiß. Bei einer Durchschnittstemperatur von ungefähr vierzig Grad Celsius fällt ja bereits das Ein- und Ausatmen schwer, von zusätzlicher Bewegung ganz zu schweigen. Im Sommer, das heißt hier von März bis Oktober, flüchtet jeder vor der Hitze. Die Straßen sind menschenleer, die Autos hochklimatisiert und abgedunkelt. Man hält sich nur noch in Innenräumen auf, die gut heruntergekühlt sind. Ähnlich wie bei uns im Sommer (wenn es denn mal einer ist!) spielt sich hier das Leben im Freien im Winter ab. Man genießt die angenehmen, kühlen Temperaturen, die Open-Air-Cafés und Restaurants sind nur in dieser Zeit stark frequentiert, wenn die Menschen sich von der Hitze erholen. Verkehrte Welt! Hallo, wir würden sehr gerne ab und zu ein paar überschüssige Sonnenstrahlen und Wärmegrade nach Deutschland transferieren, dafür schicken wir euch gerne kalten Regen und graue Wolken! Schade, dass keiner auf diesen Deal eingeht.

Doch nun genießen wir in vollen Zügen die herrliche Luft, die Bewegung und alles, was unser Auge erfreut. So auch den frischen Fisch auf dem Fischmarkt, den wir in kompletter Radlermontur überfallen. Als kämen wir vom Mars, so werden wir mit unseren Helmen und Rucksäcken beäugt, während unsereins die vielen exotischen Fischarten auf dem gecrashten Eis bestaunt. Alles sieht sehr frisch und appetitlich aus, dabei haben wir zuvor erfahren, dass die Fischerei Not leidet. Zu warm das Wasser und durch den Bau der Palmeninseln mit Abwasser verseucht. Die Fischer müssen weite Strecken zurücklegen, um überhaupt noch etwas zu fangen.

»Hier wird auch ab und an etwas für die *Aida*-Gäste eingekauft«, erklärt uns Christian. Dann herrscht immer große Emsigkeit, da jeder so einen Kunden bedienen möchte.«

Nach zwanzig Minuten Fischgeruch tut die frische Luft wieder richtig wohl. An den unterschiedlichsten Aussichtspunkten entlang der *Corniche* wird gestoppt, und es gibt Erklärungen oder eine Getränkepause. Erst vor wenigen Jahren wurde die Promenade erbaut, wozu man kurzerhand das Terrain verlängerte und tonnenweise Sand anschüttete, da die zunächst angelegte Straße schon in wenigen Jahren den Verkehr nicht mehr bewältigen konnte. So entwickelte sich auch einer der schönsten Plätze der Stadt, das sogenannte *Breakwater*, das auf dem Bauschutt der abgerissenen Häuser entstand. Diese Landzunge am westlichen Ende der *Corniche* beherbergt heute ein Café, *Dhow*-Restaurants und das sehenswerte *Heritage Village*, ein Freilichtmuseum in einem Palmenhain.

»Hier machen wir unsere Mittagspause. Nutzt die Zeit und schaut euch in dem Museum um. Ihr könnt darin Fotos aus den sechziger Jahren sowie Nachbauten der einstigen Häuser mit ihren Windtürmen sehen. Ich werde es mir hier bei den Rädern unter den Palmen bequem machen, und wer was braucht, weiß ja, wo er mich finden kann. In einer Stunde treffen wir uns alle wieder hier. Viel Spaß!«

Dabei stellt Christian die Mountainbikes sehr gekonnt und flink in eine Reihe.

Das ist meine Gelegenheit, ihn nach Marcello zu fragen. Allerdings möchte ich ihn gerne unter vier Augen interviewen. Ich werde in zehn Minuten nochmals auftauchen, wenn sich die Traube um ihn herum aufgelöst hat.

Wir betreten das Freilichtmuseum, und nach all den Straßen und Hochhäusern wirkt dieser grüne Fleck mit Palmen und Gräsern und dem Beinahe-Rasen wie eine Oase. Ein schöner Sandstrand wurde künstlich angelegt, von dem aus sich ein traumhafter Blick über das Meer auf die Skyline von Abu Dhabi bietet.

»Mir tut mein Allerwertester richtig weh. Der Sattel ist nicht so bequem wie der auf meinem Fahrrad zu Hause«, stöhnt Ines. Ihr Kopf ist hochrot, die Hitze macht ihr sichtlich zu schaffen.

»Du schlägst dich doch super und siehst dazu noch megasportlich aus. Meinen Po spüre ich allerdings auch. Komm, lass uns einfach zehn Minuten unter den Palmen ein Nickerchen halten. Schau mal, den anderen geht es ähnlich, die sind auch ganz schön schlapp.«

Zuvor muss ich aber noch meine Füße im Meerwasser baden, denn zu verlockend glitzert uns das blaue Nass entgegen. »Ruh du dich nur aus, ich muss mal für kleine Mädchen. Und falls du inzwischen eingeschlafen bist, wecke ich dich.«

»Okay«, und schon liegt Ines flach auf dem Rasen und genießt den Schatten und die Ruhe.

Ich hingegen suche Christian auf. Das ist die ideale Gelegenheit. Auch er hat sich ins Gras gelegt, neben den Rädern, und hält ein Nickerchen. *Shit!* Aufwecken möchte ich ihn nun auch wieder nicht. Ganz leise schleiche ich mich näher an ihn heran, um mich davon zu überzeugen, ob er wirklich schläft. Ungeschickterweise verhakt sich mein rechter Schuh an der Pedale des letzten Rades und ich stürze mit lautem Geschrei samt dem Rad zu Boden.

»Ist dir was passiert? Hast du dir weh getan?«, schreckt Christian hoch.

Zu peinlich! Ich versuche das Rad wieder aufzustellen.

»Ach was, ich war nur so erschrocken, habe bloß einen kleinen Kratzer abbekommen, nicht weiter schlimm«, stottere ich verlegen.

»Lass mal sehen. Das blutet ja ganz schön. Ich hole Verbandmaterial, dann desinfizieren wir die Wunde.«

Fürsorglich ist er auch noch. Jetzt frag ihn schon nach Marcello, feuere ich mich selber an. Trau dich! Eine bessere Gelegenheit wird sich nicht mehr bieten.

Während Christian in seiner Erste-Hilfe-Tasche wühlt, räuspere ich mich.

»Ähm, sag mal, weißt du eigentlich was von Marcello?«

Endlich ist es raus.

»Marcello, mein Kollege?«

»Ja, den meine ich.«

»Was interessiert dich denn?«

Christian dreht sich zu mir um und grinst mich regelrecht an, als könnte er sich seinen Teil denken.

»Äh, also, ich habe ihn letztes Jahr im Herbst auf einer Radtour auf den Kanarischen Inseln kennengelernt und …«

»… und hattest was mit ihm, stimmt's?«, fällt mir Christian ins Wort. »Er ist ein wahrer Frauenheld, das ist bekannt.«

Mir wird gleichzeitig heiß und kalt, und bestimmt habe ich schon wieder diese grässlichen roten Flecken im Gesicht.

»Na ja, so was Ähnliches, und er meinte, er sei vielleicht in derselben Zeit wie ich in Dubai.«

»Ach so, ihr hattet ein *Date*?« Jetzt grinst er bis über beide Ohren.

»Nicht direkt.«

»Also, ich fürchte, da kann ich dir nicht weiterhelfen. Marcello sollte eigentlich diese Reise hier schon begleiten, aber er musste wohl noch irgendwelche Touren ausarbeiten. Er wird nachkommen, das steht fest, aber wann, weiß keiner so genau.«

»Du bist für ihn eingesprungen, stimmt's?«

»Ja, und ich würde nur sehr ungern den Platz für ihn räumen. Wie ich ihn kenne, steht er irgendwann vor meiner Kabine.«

»Kennst du ihn denn genauer?«, frage ich neugierig.

»Ich bin schon einmal eine Tour mit ihm gefahren, das hat echt Spaß gemacht. Er ist schon ein netter Kumpel, aber das mit den Frauen ist echt nervig.«

Das mit den Frauen??? Ich hatte ja schon damals das Gefühl, er sei ein Weiberheld, aber die Nacht mit ihm war so wunderschön, so echt, so leidenschaftlich und etwas ganz Besonderes. Ich habe mich nicht wie eine unter Vielen gefühlt. Und beim Abschied hat er es ganz bestimmt ernst gemeint, als er sagte, dass ich ihm etwas bedeute und er mich sehr gerne wiedersehen würde. In der Zwischenzeit habe ich oft genug versucht, ihn aus meinem Gedächtnis zu löschen. Schließlich bin ich ja glücklich verheiratet, und so eine Affäre passt ganz und gar nicht in meinen jetzigen Lebensabschnitt. Umso besser, wenn er gar nicht erst auftaucht. An ein romantisches Wiedersehen habe ich eigentlich auch gar nicht ernsthaft geglaubt …

Christian bemerkt anscheinend, dass sich in meinem Kopf gerade Tausende von Gedanken überschlagen. Als wollte er sich für seinen Satz entschuldigen, fügt er hinzu: »Die Frauen stehen halt auf ihn. In seiner Radgruppe war der Frauenanteil immer deutlich höher als bei den Kollegen. Anscheinend finden alle seinen Dialekt so sexy.«

»Der ist aber auch süß!«

»Ich seh schon, es hat dich ganz schön erwischt. Mach dir aber nicht allzu große Hoffnungen, falls er doch noch auftaucht. Da gab es bestimmt eine ganze Reihe von Mädels in der Zwischenzeit.«

Na, vielen Dank! Hoffnungen habe ich mir eh nie welche gemacht. Wahrscheinlich hätte er sich nicht mal mehr an mich erinnert. Aber ich habe keinen einzigen Muskel seines Körpers vergessen.

»Ist schon klar. Ich bin ja kein Teenie mehr.«

»Ja, ich weiß, er steht auf ältere Frauen. Sorry, war nicht so gemeint!«, beeilt Christian sich nach einem Blick in mein Gesicht zu sagen.

Diese eingebildeten Schnösel! Nur weil sie noch in den knackigsten Lebensjahren sind, glauben sie, sich solche Sprüche rausnehmen zu können. Nun aber schnell weg hier, bevor es noch peinlicher wird. Dieser Auftritt hat mir nicht gerade mehr Informationen über Marcello eingebracht. Aber wie schon gesagt, es wäre viel besser, er würde nie auftauchen. Auch wenn mein pochendes Herz da ganz anderer Meinung ist …

Etwas geknickt und verärgert laufe ich zurück zu der Palme, unter der sich Ines zu einem Schläfchen ausgestreckt hat. Aber von Ines keine Spur. Bestimmt sucht sie mich. Meine Schramme am Bein brennt nun ganz schön heftig und ich beschließe die Schuhe auszuziehen und ein wenig barfuß im blauen, seichten, warmen Wasser zu waten. Schade, dass wir keinen Bikini dabei haben, so eine Runde Schwimmen wäre ein Hochgenuss. Der puderweiche helle Sand quillt zwischen meinen Zehen hervor, ein unbeschreiblich wohliges Gefühl. Stunden hätte ich hier verweilen können, versunken in meine Träume – bis ich jäh herausgerissen werde.

»Karina, Karina, wo steckst du denn nur?«

Meine Mutter ist nicht zu überhören, und bestimmt sind alle, die ein Nickerchen machen, soeben hochgeschreckt.

»Hier. Im Wasser bin ich.«

»Ja sag mal, wo warst du denn so lange? Und was hast du mit deinem Bein angestellt?« Ines inspiziert akribisch meine Wunde.

»Ach, nichts Besonderes, ich bin nur ausgerutscht und habe mir dabei das Schienbein angestoßen.«

Um keinen Preis möchte ich diese peinliche Situation meiner Mutter erklären, geschweige denn den Namen *Marcello* erwähnen. Sie hält Florian, meinen Ehemann, für einen perfekten Schwiegersohn und große Stücke auf ihn. Ihrer Meinung nach hatte ich großes Glück, überhaupt solch einen tollen Mann zu finden.

»Komm, lass uns noch das Museum anschauen, sonst müssen wir weiterradeln und haben nichts gesehen.« Ein gutes Ablenkungsmanöver, finde ich.

Nach einigem Suchen erreichen wir den kleinen Ausstellungsraum mit den Fotos aus den sechziger Jahren. Unfassbar, wie es hier zu dieser Zeit noch aussah: bettelarme Beduinen, einfachste Lehmhäuser, weit und breit nur Sand und Wasser. Die Fotos, gerade mal vierzig Jahre alt, sehen aus, als wären hundert Jahre vergangen. Kein Steinhaus weit und breit, einzig der Sultanspalast, der heute zwischen all den Hochhäusern unscheinbar wirkt und das älteste Gebäude Abu Dhabis ist, steht pompös im Zentrum. Welch ein Wandel! Weitere Exponate sind zu sehen: Waffen, Kleidung, Geschirr, alles sehr rudimentär und unentwickelt. Draußen vor den Räumen kann noch eine Art Rind bewundert werden, das mit einfachster Technik Wasser aus dem Brunnen zieht.

»Meine Güte, so lebten ja nicht einmal mehr meine Großeltern. Selbst die hatten damals schon Strom. Eigenartig, und heute schauen wir zu ihnen hinauf und bewundern sie als die Vorzeige- und Boomregion der Welt.« Ines schüttelt den Kopf. »Stell dir mal vor, deine Kinder würden eines Tages nach Zentralafrika reisen, um deren Reichtum und Fortschritt zu bewundern!«

»Siehst du, wozu das Öl fähig ist?«

Da mischt sich der Herr neben Ines in unser Gespräch ein.

»Ja, das liebe Öl. Wissen Sie eigentlich, dass es immer knapper wird? Schon in zehn bis zwanzig Jahren sollen die Ölquellen versiegt sein. Dann ist Schluss mit diesem Gigantismus. Mal sehen, wie die Sheikhs das alles hier bezahlen wollen. Die werden noch ganz schön tief sinken.«

»Meinen Sie wirklich?«, fragt Ines ungläubig.

»Aber ja. Schauen Sie doch mal nach Amerika, da hat man in den fünfziger Jahren in Öl gebadet. Damals konnte sich kein Mensch vorstellen, dass all diese Quellen irgendwann einmal versiegen werden. Aber das ist passiert. Heute sind die Pumpanlagen verrostet und fördern nicht einen Tropfen mehr. Das führt alles in eine Katastrophe.«

»Ach, jetzt sehen Sie aber alles viel zu schwarz«, kontert Ines.

»Keineswegs. In Amerika zum Beispiel befinden sich heute nur noch zwei Prozent der Ölreserven, aber fünfundzwanzig Prozent des weltweit geförderten Öls werden in diesem

Land konsumiert. Verstehen Sie jetzt, warum die Amerikaner so scharf auf den Arabischen Golf waren, warum hier Krieg geführt wurde? Glauben Sie bloß nicht, wegen der Gefahr der Islamisten. Das Öl ist der wahre Grund gewesen. Was glauben Sie, warum jeder um die Gunst der Araber buhlt? Weil die hier zur Zeit die größten Ölreserven der Welt haben. Fragt sich nur, wie lange noch. In Saudi-Arabien versiegen schon die ersten Ölquellen, und auch in Dubai werden die Vorräte knapp. Nur hier in Abu Dhabi sprudelt das schwarze Gold noch in riesigen Mengen. Aber auch das wird nicht ausreichen, denn immer mehr Menschen auf unserer Erde brauchen Öl. Stellen Sie sich mal vor, in Amerika ist Öl noch billiger als Mineralwasser, deshalb fahren die dort auch noch Autos, die locker zwanzig bis dreißig Liter Benzin auf hundert Kilometer fressen.«

Um den Redefluss unseres Mitradlers etwas einzudämmen, werfe ich ein: »Immerhin entwickeln ja die Europäer Hybridfahrzeuge, und die ersten Drei-Liter-Autos sind auch schon auf dem Markt.«

»Das ist doch alles pillepalle«, schäumt er. »Unser ganzes Wirtschaftsgefüge wird zusammenbrechen, erst der Finanzmarkt und danach der Energiemarkt. Wenn ich in solch einem Emirat der Boss wäre, würde ich viel besonnener mit meinen Ressourcen umgehen, statt auf das schnelle Geld abzuzielen. Nee, nee, gut ist das nicht, was hier abgeht.«

Der Mann hat ja sicherlich mit seinen Ansichten Recht, aber allmählich wird mir diese Schwarzmalerei zu düster. Ines ergeht es ebenso, wie die Steilfalten zwischen den Augen untrüglich signalisieren. So schaut sie immer drein, wenn ihr etwas gegen den Strich geht.

»Wir möchten ja nicht unhöflich sein, aber die Mittagspause ist gleich um und wir wollten uns noch die Nachbildung der Lehmhäuser anschauen.« Beherzt zieht mich Ines am Ärmel.

»Das rentiert sich nicht«, wirft Herr Miesepeter ein.

Wir hingegen finden die Konstruktion dieser Windtürme äußerst interessant. Nur durch das Anbringen von Tüchern innerhalb dieser offenen Türme wurde die Luft damals wie heute geschickt in Kanäle geführt, als Vorläufer der modernen Klimaanlagen. Mit Hilfe dieser Konstruktion gelang es den Menschen, der extremen Hitze von bis zu fünfzig Grad im Sommer standzuhalten. Noch heute gibt es in den ärmeren Gegenden viele Häuser mit solchen Windtürmen.

Ein Blick auf die Uhr verrät uns, dass die Stunde schon lange um ist. Schnellen Schrittes verlassen wir das *Heritage Village*. Alle Radler sind schon startklar und wir ernten missbilligendes Pfeifen.

»Das kostet euch aber eine Runde. Seit zehn Minuten warten wir hier schon auf euch«, frohlockt unser Schlussmann. Endlich kommt er zum Einsatz und darf sich so richtig wichtig fühlen.

Mit hochrotem Kopf und einem leisen »Sorry, wir haben uns verspätet« schnappen wir unsere Räder, die einsam und verlassen noch an der Palme lehnen.

»So, kommt mal alle etwas näher. Jetzt, da unsere beiden Quatschtanten auch wieder eingetrudelt sind, möchte ich euch noch erzählen, wohin uns unsere Strecke weiterführen wird.« Christian platziert sich in die Mitte.

Dieser aufgeblasene Typ! Sollen wir uns jetzt wie zwei Schwerverbrecher fühlen, nur weil wir zehn Minuten Verspätung hatten? Und überhaupt, daran ist ja wohl nur der Herr Miesepeter schuld, der uns mit seinem blöden Vortrag über die Ölquellen aufgehalten hat.

Aber Christians Stimme übertönt alle feindseligen Gedanken.

»Wir werden jetzt das *Breakwater* wieder verlassen und fahren der Straße entlang zum luxuriösen Hotel, dem *Emirates Palace*, das man schon von Weitem erkennen kann. Der Park mit eigener Marina und eigenem Strand ist gigantisch. In unserer

Radlermontur werden wir aber kaum eine Chance haben, das Hotel zu besichtigen, da müsstet ihr schon noch einmal auf einer Extratour im Abendkleid erscheinen. Gestern Abend konnte man das tun. War einer von euch dort?«

»Ja, wir«, ruft Ines aus der letzten Ecke.

Alle drehen sich zu ihr um. Ich hätte das lieber verschwiegen, denn allen anderen war diese Tour zum *Emirates Palace* viel zu teuer, und da wir nun schon als Quatschtanten abgestempelt sind, kommt nun sicher noch das Etikett »Tussies« hinzu.

»Und, wie war's?«, will Mister Miesepeter mit einem gewissen Unterton wissen. »Protzig, was?«

»Es war sehr edel und schön.« Kurz und schnippisch antwortet Ines darauf, fest entschlossen, sich nicht weiter vorführen zu lassen.

»Also, ich bin auch kein Freund von solchen Prunkbauten, aber dieser Palalst ist schon beeindruckend. Alles, was wie Gold glänzt, *ist* auch Gold. Los jetzt, auf die Räder.«

Unser Konvoi setzt sich wieder in Bewegung. Herr Miesepeter zieht siegessicher an uns allen vorbei und positioniert sich direkt hinter dem Reiseleiter. Wir reihen uns wieder in die Mitte ein und versuchen unseren Radelrhythmus zu finden. Die Temperatur wird zunehmend angenehmer. Die heiße Mittagshitze ist vorüber, das leichte Lüftchen und der Fahrtwind tun ein Übriges. Ein herrliches Gefühl, so lautlos und geschwind durch die engen Straßen und die Uferwege entlang zu radeln, vorbei an den faszinierenden Bauwerken. In einem klimatisierten Reisebus wäre das sicherlich nur halb so schön gewesen wie jetzt und hier, so nah am Leben und mit den unvergleichlichen Einblicken bis in die Hinterhöfe und Garagen. Von dem, was da so an Autos herumsteht, kann unsereins nur träumen: ein Porsche, Ferrari und Massarati nach dem anderen. Ich bin ja alles andere als ein Autoexperte, aber den Seltenheitswert und den Luxus dieser Karossen erkenne auch ich auf den ersten Blick. Geld scheint hier wirklich keine Rolle zu spielen. Wir kommen in eine Luxuswohngegend, wo sich alle Reichtümer dieses Ortes zu konzentrieren scheinen. Leider verwehren überall meterhohe Mauern den Einblick ins Innere der Grundstücke.

Nur wenige Minuten später passieren wir ein neu erbautes Wohnviertel der *Expatriates*, also der Ausländer, die etwas besser gestellt sind und von denen viele aus Europa stammen. Hunderte von Häusern wurden hier aneinandergereiht, stereotyp und geleckt sehen sie aus. Eine Straße ähnelt der anderen. Solche Viertel entstehen hier innerhalb eines Jahres inklusive künstlichem See und Springbrunnen. Tagsüber sind alle am Arbeiten, nur Frauen mit kleinen Kindern oder deren Tagesmütter sind zu dieser Zeit anzutreffen.

Plötzlich starten unsere Vorradler ein Klingelkonzert. Wir verstehen zunächst nicht, warum, aber sobald auch wir in die kleine Straße einbiegen, ist uns der Grund klar. Zehn junge Frauen haben im Durchschnitt jeweils vier Hunde an der Leine und belagern die komplette Straße. Keine Ahnung, wer exotischer aussieht, wir oder sie. Erschrocken von dem Klingelkonzert springen sie an die Straßenseite, begleitet von ohrenbetäubendem Hundegebell. Ausgerechnet unser Herr Miesepeter, der als Zweiter hinter dem Guide radelt, wird zur Zielscheibe der Hunde, die wie Hyänen auf ihn zuschießen und ihn bedrängen, bis er nicht mehr in der Lage ist, sich auf dem Rad zu halten. Eine Hundeführerin versucht noch, ihre vier Köter mit Gewalt von ihm wegzureißen, was aber misslingt. Die Leine eines Labradors verfängt sich in Herrn Miesepeters Rad, worauf er schreiend und fluchend zu Boden stürzt. Abrupt kommt unsere gesamte Gruppe zum Stehen. In Kürze sind wir umringt von bellenden Kötern und schweißgebadeten Hundenannys, die einen recht hilflosen Eindruck machen, während sich Christian um den Gestürzten kümmert, der noch immer laut fluchend am Boden liegt.

Er hat aber offensichtlich nur einige Schürfwunden abbekommen, die vor Ort desinfiziert werden können. Nicht, dass wir ihm das gegönnt hätten, aber ein wenig Schadenfreude ist schon dabei. Auch die Nannys sind mit dem Schrecken davongekommen und haben ihre Hunde inzwischen wieder unter Kontrolle.

Unser Tross setzt sich nach einem halbstündigen Zwangsstopp wieder in Bewegung. Herr Miesepeter darf nun erst recht den zweiten Platz behalten, steht ihm doch als Verletztem eine besondere Position zu. Wir verlassen die kleinen Wege und erreichen den exorbitanten Park des *Emirates Palace*. Der Blick auf den Palast ruft bei allen pures Entzücken hervor.

»Können wir mal anhalten? Ich würde gerne fotografieren«, ruft ein Radler von hinten.

»Nein, geht hier nicht. Das ist zu gefährlich bei dem Verkehr«, ruft mein Hintermann zurück.

Schade, wie gerne hätte auch ich die Kamera gezückt, das wäre ein herrliches Foto geworden. Im Vordergrund unsere Radlergruppe, dahinter der unglaublich weitläufige, eingezäunte Park und am Horizont der Palast mit den vielen Kuppeln aus Gold, überspannt von einem tiefblauen, wolkenlosen Himmel.

Nach etwa zehn Minuten erreichen wir das Eingangsportal des Palastes. Ein goldenes Gate weist alle unwillkommenen Besucher ab, unterstützt von Wachmännern, die jedes Auto und jeden Fußgänger kontrollieren. Kaum hat Christian das Signal zum Anhalten gegeben, fuchtelt der erste Türsteher schon aus der Ferne mit den Armen und schreit: *»No, you can not stop here.«*

Christian kennt diese Zeremonie wohl schon und antwortet ganz cool, dass wir eine Radlergruppe aus Deutschland seien, welche mit dem Kreuzfahrtschiff *Aida* unterwegs sei und nur gern ein Foto machen wolle. Unser Wächter scheint davon jedoch wenig beeindruckt; er hat wohl strikte Order, alles abzuwimmeln, was vor den Toren auftaucht. Ein zweiter Wächter eilt zu Hilfe und posaunt genau die gleichen Worte. Nichts zu machen, wir dürfen hier nicht stehen bleiben und mit unseren Rädern die Einfahrt blockieren. Folglich steigen wir wieder auf, leider ohne Erinnerungsfoto, und folgen den Anweisungen.

Der Blick hinter die goldenen Eingangsportale bei der Vorbeifahrt ist atemberaubend. Springbrunnen an Springbrunnen, ein Blumenmeer und eine pompöse Auffahrt. Wir können es nicht glauben, dass wir gestern Abend so völlig problemlos diese Wächter passieren konnten. Hier jedenfalls ist weder für uns noch für die Taxen ein Durchkommen, das bleibt den Hotelgästen und den Gästen mit Reservierung vorbehalten. Zugegeben, wir sind nun wirklich nicht adäquat gekleidet in unserem verschwitzten Raddress. Umso mehr können wir im Nachhinein das Privileg des gestrigen Abends genießen.

»Bin ich froh, dass wir gestern das Innerste betreten durften«, ruft mir Ines, die mich überholt hat, zu.

»Und ich erst!«, ertönt es hinter mir.

Da schau an, diese Dame hat sich aber vorhin nicht gemeldet. Erstaunt drehe ich mich um.

»Waren Sie auch dort?«

»Oh ja, es war wunderbar. Wir hatten die Tour mit *Aida* gebucht und bekamen einen Rundgang und einen Cocktail. Das dazugereichte Törtchen war sogar mit echtem Gold überzogen. So was habe ich noch nie gegessen.«

»Ich auch nicht. Diesen Luxus haben wir uns nicht gegönnt.«

Wir können die Konversation nicht fortführen, denn jetzt überqueren wir eine große Straße, was äußerste Aufmerksamkeit erfordert. Achtspurig fließt hier der Verkehr aus Edelkarossen, die mit ihren schwarz getönten Scheiben in diesen

Massen wahrhaftig bedrohlich aussehen, zumal die Emiratis für ihren rücksichtslosen Fahrstil bekannt sind. Aggressiv, egoistisch und zu heftig wird hier aufs Gaspedal getreten. Fußgänger und Radfahrer, die hier ohnehin eine Seltenheit sind, würden im Zweifelsfall einfach umgefahren, davor hat uns Christian schon zu Beginn der Tour gewarnt: »Selbst bei roten Ampeln oder an Fußgängerwegen immer kontrollieren, ob nicht doch ein Sheikh angebraust kommt.«

Nicht die gesamte Radgruppe schafft es, die Straße auf einmal zu überqueren, und da wir uns im hinteren Viertel befinden, müssen wir auf der Zwischenspur im vorbeifließenden Verkehr warten. Bedrohlich rasen die Ungetüme an uns vorbei, während der Sog uns die Haare zerzaust und unser Herz gegen die Rippen hämmert, wie wir da so völlig ungeschützt mitten in diesem wahnsinnigen Gedrängel und Gehupe stehen. Zum Glück stoppt der Verkehr an der roten Ampel und wir huschen, flink unsere Räder schiebend, quer über die vierspurige Fahrbahn. Puh, geschafft!

Gott sei Dank müssen wir nicht allzu oft auf solchen Wegen fahren. Christian hat die Tour schon im Vorfeld abgeradelt und führt uns geschickt durch kleine Straßen an den Hauptschlagadern der Stadt vorbei. Ab und zu lässt sich aber das Überqueren oder Entlangfahren nicht vermeiden, und dann sind äußerste Disziplin und Konzentration gefragt. Einmal müssen wir sogar im Pulk geschlossen auf der vierspurigen Fahrbahn radeln. Keiner will am äußeren Rand fahren, denn die Edelkarossen rasen mit unglaublicher Geschwindigkeit nur wenige Zentimeter an uns vorbei.

Bald haben wir wieder eine ruhigere Ecke der Stadt erreicht und legen am Park einen Stopp ein. Ganz schön klebrig, die Hose, und der Schweißgeruch unserer Truppe wird allmählich penetrant. Da aber jeder duftet und wir uns an der frischen Luft befinden, ist es erträglich. Die Dame hinter mir versucht sich neben mir zu positionieren. Auch ihr sind die

Anstrengungen des Radelns mittlerweile anzusehen.

»Entschuldigen Sie, aber ich wollte vorhin noch etwas hinzufügen.«

»Nur zu«, ermuntere ich sie, während ich mein Rad an den Zaun des Parks lehne und den Helm abnehme.

»Wissen Sie, wir werden nach der Kreuzfahrt noch einige Nächte im *Emirates Palace* übernachten. Wir feiern nämlich unsere Goldene Hochzeit. Das möchte ich aber nicht gerne an die große Glocke hängen. Es gibt doch viele Neider hier, Sie verstehen ...«

Und ob ich verstehe. Donnerwetter, wer hätte das vermutet? Die Dame sieht in ihrer ausgelutschten Jogginghose und dem verblassten T-Shirt nicht gerade wie die Klientel der Oberschicht aus.

Sie scheint meine Gedanken zu ahnen. »Nicht, dass Sie das falsch verstehen. Wir haben sehr lange für diesen Traum gespart.«

»Wo ist denn Ihr Mann?«

»Ach, der ist nicht mehr für das Radfahren zu begeistern, das ist ihm viel zu anstrengend. Er hat die Bustour gebucht, aber ich radele leidenschaftlich gerne. Ich bin aber froh, wenn wir wieder auf dem Schiff sind. Es ist doch anstrengend, in dieser Hitze und bei dem Verkehr.«

Die Dame ist gut und gern fast doppelt so alt wie ich. Bewundernswert, wie sie das noch meistert.

»Na, da haben Sie ja noch eine schöne Reiseverlängerung vor sich.«

»Oh ja, wir freuen uns auch sehr darauf. Wissen Sie, mein Mann hatte früher hier in den Vereinigten Arabischen Emiraten öfter beruflich zu tun, deshalb haben wir uns auch für diesen Fleck auf unserer Erde entschieden.«

Unsere Konversation wird durch Christians Erläuterungen unterbrochen. Auf dem sandigen Platz vor uns steht das älteste Gebäude Abu Dhabis, *The White Fort*, der ehemalige

Sultanspalast. Er ist über dreißig Jahre alt und somit geradezu historisch zu nennen. Bei seinem Anblick erinnern wir uns an das Foto im *Heritage Village*. Damals, als noch weit und breit kein anderes Gebäude stand, war dies ein großer herrschaftlicher Palast. Heute wirkt er regelrecht schäbig und winzig klein vor den Hochhausgiganten mit ihren gläsernen Fronten und Türmen, unscheinbar von den Neubauten eingerahmt und fast erdrückt. Heute ist der Palast geschlossen; ein weitaus prunkvolleres Symbol des Emirates ist für Staatsempfänge gebaut worden. Dennoch soll der Palast für die nachfolgenden Generationen erhalten bleiben, in dem Bestreben, das »alte« Kulturgut zu bewahren – eine echte Rarität in dieser Hemisphäre. Würde man in Europa ein Gebäude von dreißig Jahren unter Denkmalschutz stellen wollen, wäre dies geradezu grotesk! Mit dem Standort dieses Palastes hat es eine besondere Bewandtnis: Der Legende nach wurde bereits 1793 von Sheikh Shakhbout Nahyan genau an dieser Stelle eine Festung erbaut, hatte hier doch einst eine Gazelle eine Süßwasserquelle entdeckt und ihren Durst daraus gestillt. Daher rührt auch der Name *Abu Dhabi*, »Vater der Gazelle«. Als die vollkommen aus Lehm erbaute Festungsanlage einzustürzen drohte, wurde das Gebäude 1982 vor der Abrissbirne bewahrt und durch Renovierungen und weißen Außenanstrich zum *White Fort* umgebaut, so, wie es nun einsam und klein vor unseren Augen zu bewundern ist.

Unser Radlertrupp setzt sich nun für den Rückweg zum Schiff ein letztes Mal in Bewegung, entlang der prächtigen *Corniche* und dem grünen Gürtel der Stadt mit seinen unzähligen Wasserläufen, Springbrunnen und Brückchen sowie echten blühenden Blumen, dem ganzen Stolz der Stadt. Das ehrgeizige Projekt Abu Dhabis lautet ja, die grünste Stadt in der arabischen Welt zu werden.

Schweißtriefend, mit zwickendem Po und Muskelkater, aber restlos glücklich erreichen wir wohlbehalten unsere *Aida*.

Sie ist das größte Schiff im Hafen, und ein Gefühl von Heimatstolz macht sich in unserer Brust breit. Wir geben die Räder ab und bedanken uns bei Christian für die gelungene Tour. Da zieht er mich beiseite und sagt mit gedämpfter Stimme:

»Entschuldige bitte mein Verhalten vorhin. Das war nicht sehr nett, aber so einige Leute haben mich während der Tour ganz schön genervt. Ich finde es toll, wie deine Mutter durchgehalten hat. Ich war anfangs ganz schön skeptisch, aber die Siebzig merkt man ihr gar nicht an. Und was Marcello betrifft, so werde ich mich mal umhören und dir Bescheid geben. Ich habe ja eure Kabinennummer.«

»Ist gut. Mach dir aber keine Umstände. Vielleicht ist es besser, wenn ich ihn erst gar nicht treffe.«

Er schaut mich neugierig an. »Aha, kalte Füße?«

»Schon möglich.« Mit diesem kurzen Satz befreie ich mich aus seiner Armklammer und folge breitbeinig meiner Mutter in den Bauch des Giganten. Was jetzt wirklich zählt, ist eine Dusche und etwas zu essen.

Nach der Stärkung am Buffet beeilen wir uns, das spektakuläre Auslaufen aus dem Hafen Abu Dhabis nicht zu verpassen. Mit einem Cocktail in der Hand stehen wir auf Deck vierzehn, lauschen dem Song »Sail away« und fühlen uns so herrlich frei, als hätte uns der heutige Tag Flügel verliehen. Ganz langsam, ruhig und sanft gleitend, entfernen wir uns von dieser Übermorgenstadt und brechen auf zu unserem nächsten Ziel: Bahrain.

Kapitel 5

Bahrain, Königreich im Wandel

Die lange Etappe von vierhundertfünfundachtzig Kilometern beziehungsweise zweihundertzweiundsechzig Seemeilen werden wir heute Nacht im Persischen Golf zurücklegen. Wenn alle Gäste an Bord sanft in den Schlaf gewiegt werden, werden die Schifffahrtskapitäne Hochleistungen verrichten, um uns am nächsten Morgen sicher in einen spannenden neuen Hafen einlaufen zu lassen.

Aber noch saugen wir die frische Seeluft der Nacht in uns auf, und ein abwechslungsreiches Abendprogramm startet an Bord. Wir entscheiden uns für eine grandiose Show im *Theatrium*: »Kaleido«, ein Varieté mit farbenprächtigen Kostümen, eine Welt der Fantasie mit herrlicher Musik und Akrobatik. Fasziniert bewundern wir das Artistenteam, als sich plötzlich über unseren Köpfen in schwindelerregender Höhe die überdimensionale Blüte öffnet und eine zarte Akrobatin freigibt, die sich geschmeidig wie ein Schlangenwesen um ihr Seil windet. Sehr gelungen, dieses Spektakel in dem dreistöckigen *Theatrium*, dessen Höhe gekonnt in die Show miteinbezogen wird. Anders als auf klassischen Bühnen, die die Zuschauerblicke nach vorne lenken, wird hier dreidimensional gearbeitet, indem die Shows im wahrsten Sinne des Wortes in die Höhe gezogen werden, um den vielen Zuschauern auf den unterschiedlichsten Plätzen ein vielfältiges Erlebnis zu bieten.

Den anschließenden Wettstreit der Geschlechter aus Quizfragen und Rätseln sparen wir uns. Die Radtour hat uns ganz schön gefordert und lässt uns, kaum sind wir in unserer Kabine, schnell einschlummern.

»Das Wunderbare an einer Kreuzfahrt ist, dass man immer woanders aufwacht, als man eingeschlafen ist.«

Von diesen beschwingten Worten meiner Mutter werde ich an diesem Morgen geweckt. Aus den Tiefen meiner Träume tauche ich ganz allmählich ins Bewusstsein auf. Ich befinde mich nur zehn Meter vom Sonnendeck der *Aida* entfernt, bereit, meine Arme auszubreiten und mir den Wind durch das lange Blondhaar wehen zu lassen, während die Sonne meinen Bauchnabel kitzelt. Ein Wirklichkeit gewordener Traum. Ach, wozu ist man denn sonst geboren? Ist das Leben ohne die Erfüllung solcher Träume überhaupt lebenswert? Ab und zu soll sich jeder etwas gönnen, was es auch sein mag. Die einen träumen von einer Kreuzfahrt, andere von der Besteigung eines hohen Berggipfels, wieder andere von einem Bühnenauftritt als Bandleader. Was auch immer es ist, was Ihr Herz höher schlagen lässt: Tun Sie's! Schieben Sie es nicht auf die lange Bank! Ergreifen Sie die Chance, wenn sie sich bietet!

All diese Gefühle und Gedanken übermannen mich in diesem Moment, als wir das Tageslicht erblicken, das endlos blaue, funkelnde Meer, die ganze Exotik des Orients. Die Brise, seidige fünfundzwanzig Grad, streichelt sanft Gesicht und Schultern. Die Wirklichkeit ist noch schöner als der Traum.

Mit einem Teller exotischer Früchte, Joghurt und Croissants, die noch nach frischer, warmer Butter duften, schlendern wir auf das Sonnendeck und erhaschen einen Platz direkt an der Reling. Bahrain lässt grüßen!

»Hast du schon einen Plan für heute?«, fragt Ines, die gerade genüsslich eine Kiwi verspeist.

»Leider haben wir ja keinen Platz mehr auf den geführten Bustouren bekommen«, murmele ich, ebenfalls mit vollem Mund.

»Siehst du, ich habe dich ja gewarnt und darauf gedrängt, dass wir die wichtigen Touren frühzeitig von zu Hause aus buchen. Aber nein, du wolltest ja lieber *spontan* sein. Das hast du nun davon!«

Da kommt wieder die vorwurfsvolle Mutter durch. Na und? Ich bin eben nicht so durchgeplant wie sie. Wer weiß, was uns dieser Tag noch alles bescheren wird. Natürlich bedauere auch ich, dass wir keinen Platz mehr für die Rundreise »Traditionelles Bahrain« oder die Touren »Klassisches Bahrain« und »Formel 1 Hummer Adventure« bekommen haben. Es wäre weit einfacher gewesen, sich behütet durch die Stadt chauffieren zu lassen, als auf eigene Faust loszuziehen.

»Erst mal frühstücken wir gemütlich, bevor wir uns mit dem Taxi nach Bahrain fahren lassen. Wir können uns ja zu Fuß umsehen. Allerdings müssen wir erst noch Geld wechseln. Bahrain hat eine eigene Währung und akzeptiert angeblich keine Dubai-Dollar.« Ich versuche, unbekümmert zu klingen.

»Wenn du meinst. Ich werde auf alle Fälle einige Dollars einstecken und Euros dazu. Man weiß ja nie!«

In dem Moment wissen wir noch nicht, wie Recht Ines mit ihren Worten behalten soll.

Mit gut gefülltem Magen ziehen wir los, natürlich korrekt gekleidet, mit langen Ärmeln und langen Hosen, sodass auch ja kein Fleckchen Haut zu sehen ist. Bahrain ist noch weit strenger in der Auslegung des Korans, und die Nähe zu Saudi-Arabien lässt den lockeren westlichen Stil nicht zu. Bahrain ist ein Inselstaat, genannt »Zwei Meere«, der aus mehr als dreißig kleinen Inseln besteht. In Europa kennt man wohl in erster Linie die berühmte Formel-1-Strecke, die im Jahre 2004 von Kronprinz Salman bin Hamad Al Khalifa erbaut wurde. Ein wahrer Kontrast zum Mythos von Dilmun, in dessen paradiesischem Epos Gilgamesch 3000 vor Christus im Garten Eden angeblich die Pflanze der Unsterblichkeit fand. Im Jahre 1986 wurde über eine fünfundzwanzig Kilometer lange Brücke, den *King Fahad Causeway*, der Inselstaat mit dem Festland Saudi-Arabien verbunden. Hohes Verkehrsaufkommen herrscht auf diesem *Causeway*, kommen doch viele Saudis nach Bahrain, um hier dem Alkohol zu frönen, der in ihrem Land strengstens verboten ist.

Mit dem Shuttlebus der *Aida* lassen wir uns in die Hauptstadt Manama fahren. Vor den Toren des *Souks*, dem *Bab al Bahrain*, werden wir in die Höhle des Löwen entlassen. Im Vergleich mit Dubai und Abu Dhabi wirkt dieses Königreich ärmlicher, schmutziger und unstrukturierter. Durch den mächtigen Torbogen der Stadtmauer tauchen wir ein in die kleinen, verwinkelten Gassen des *Souks* und verlieren schon bald jegliche Orientierung. Zu ähnlich sehen sich all die Straßen mit ihren kleinen Verkaufsläden, in denen von Gewürzen und Kräutern über bunte Stoffe, Parfüms, Naturheilmittel, Plastikspielsachen, billige Handtaschen und allerlei Imitate bis hin zu hochkarätigem Goldschmuck alles zu haben ist, allerdings weit unattraktiver als im Souk des Omans, der richtig orientalisch wirkte. Vor einem kleinen Laden mit roten, grünen und blauen Gewändern, die reich mit goldfarbenen Stickereien besetzt sind, bleiben wir stehen und schauen dem Näher, der sich direkt ans Schaufenster platziert hat, gebannt zu. Keine fünf Sekunden dauert es, bis er uns mit einem breiten Lächeln in seinen zehn Quadratmeter kleinen Shop einlädt.

»Where do you come from?« Sein Englisch klingt eher asiatisch und wir erfahren, dass er aus Indien stammt.

»From Germany? A beautiful country!«

Und bevor wir antworten können, zieht er uns zu seiner Nähmaschine, ein uraltes Modell von Singer. Es sei die beste Nähmaschine, die er je besessen habe, über fünfzig Jahre laufe sie nun schon, zigmal seien die kleinen Mängel behoben worden – sein ganzer Stolz. Er führt uns seine Stickereikunst vor, stickt in Windeseile mit dieser Maschine die orientalischen Muster auf die farbigen Stoffe und verleiht ihnen damit ein unverwechselbares Aussehen. Geschäftstüchtig, wie Inder sind, lässt er sich nicht davon abbringen, mich eines dieser bunten Gewänder anprobieren zu lassen. Viel zu groß, viel zu weit und völlig unvorteilhaft. Ines bekommt bei meinem Anblick einen Lachkrampf.

»Nein, also wirklich. So kannst du dich in Deutschland nicht einmal an Karneval blicken lassen.«

Der Inder ist natürlich ganz anderer Meinung.

»Very beautiful.« Wohingegen ich mich eher Ines' Meinung anschließe.

»Vielleicht eine andere Farbe? Wie wäre es mit Pink?«

Und ehe ich mich versehe, wird ein zweites Gewand über mich gestülpt, und unzählige weitere in allen möglichen und unmöglichen Farben folgen, doch eines sieht schlimmer aus als das andere. Inzwischen haben wir den halben Laden auf den Kopf gestellt und fühlen uns schon zum Kauf verpflichtet.

»Dir ist doch wohl klar, dass du aus dem Laden ohne was zu kaufen nicht mehr rauskommst. Welches dieser schönen Gewänder willst du denn nun nehmen?«, grinst Ines.

»Gar keins. Das würde ich doch nie tragen!«

»Aber der Herr hat deinetwegen inzwischen seinen gesamten Laden umgeräumt, dem *musst* du was abkaufen.«

»*Ich* wollte ja gar keins probieren!«, protestiere ich hartnäckig.

Nun gut. Irgendwie müssen wir nun aus dieser Nummer raus. Ich gebe dem emsigen Verkäufer zu verstehen, dass wir in Deutschland wirklich nicht solche Kleider tragen und wir auch keinerlei Anlässe hätten, solche schönen Stickereien zur Schau zu stellen. Daraufhin wird er missmutig und murmelt etwas bedrohlich Klingendes in seinen dunklen Bart.

»Wir müssen hier raus, und zwar schnell. Sonst passiert hier noch was. Der wird ja richtig aggressiv.«

Beherzt fasst mich Ines beim Arm, legt einen Zehn-Euro-Schein auf die Nähmaschine, bedankt sich und zieht mich aus dem Laden. Schnellen Schrittes laufen wir völlig orientierungslos die kleine Gasse hinab, bis die lauten Schimpfworte des indischen Verkäufers verhallt sind.

»Puh, das war knapp! Lass uns aus diesem dreckigen, engen Souk verschwinden. Bahrain hat sicherlich schönere Ecken als diese.«

Leichter gesagt als getan. Wo in aller Welt ist nur dieses *Bab al Bahrain*? Wir laufen rechts, dann links, dann wieder geradeaus in eine etwas größere Straße, gerade breit genug, dass sich ein fetter Geländewagen mit Schwarzglas durchzwängen kann. Unglaublich! Hinter den getönten Scheiben sitzen zu neunzig Prozent verschleierte Frauen. Wie wir später erfahren, sind dies Frauen aus Saudi-Arabien, die in ihrem Land auf gar keinen Fall Auto fahren dürfen. Das ist dort ein reines Männerprivileg, das bestimmt auch so mancher Europäer gerne einführen würde. In Millimeterarbeit zwängen sie sich an den Kleidern, dem Obst- und Gemüsestand vorbei. Eigentlich ist dies eine Fußgängerzone, aber mangels Gelegenheit, diese Karossen auszufahren, werden auch die kleinsten Gassen als Highways benutzt. Hauptsache, Frauen am Steuer und Auto fahren, egal wo. Weit kommt man in Bahrain ohnehin nicht, seine Größe von gerade mal sechzehn Kilometern Breite und knapp fünfzig Kilometern Länge lässt ein Rasen kaum zu.

Kaum ist der erste Schrecken vorüber, rasseln wir in ein weiteres und diesmal weitaus unangenehmeres Abenteuer. Aufgrund der engen Gassen und der vielen Menschen laufe ich einige Meter vor Ines her. Plötzlich spüre ich eine feste Hand an meinem linken Arm, und ehe ich mich wehren kann, zieht mich ein weiß gekleideter Sheikh in eine Hoteleingangstür. Ines hat das wohl beobachtet und folgt mir aufmerksam in mäßigem Abstand. Im Inneren des schmuddelig anmutenden Hotels herrscht eine äußerst düstere Beleuchtung. Der Sheikh spricht in gebrochenem Englisch zu mir.

»Haben Sie keine Angst. Ich tue Ihnen nichts. Ist das da

hinten Ihre Mutter?«

Ich drehe mich um und sehe, dass auch sie in Begleitung eines Herrn ist, der ihr etwas ins Ohr raunt.

»Oh ja. Das ist meine Mutter«, antworte ich mit einem äußerst mulmigen Gefühl in der Magengegend.

»Seien Sie ganz beruhigt. Ich möchte Sie gerne zum Mittagessen einladen, wenn Sie nichts dagegen haben.«

Damit lässt der Sheikh meinen Oberarm endlich los und weist mir einen Sitzplatz an der Bar zu, wo sich bereits zahlreiche andere arabische Gäste eingefunden haben. Ines hat sich inzwischen zu mir gesellt, und ihre Augen geben mir zu verstehen, dass alles in Ordnung sei. Ein Blick in dieses Restaurant lässt erkennen, dass sich hier vornehmlich Männer aufhalten. Vor den meisten stehen große Teller mit Reis und einem undefinierbaren Sud aus Fleisch und Gemüse. Gegessen wird nicht mit Messer und Gabel, sondern mit den bloßen Händen. Mit Hilfe des Fladenbrotes werden kleine Häufchen gebildet und mit einer zackigen Bewegung blitzschnell in den Mund geschoben; kein allzu appetitlicher Anblick. Auch unser Sheikh hat sich solch einen Teller bestellt und stellt ihn großzügig in die Mitte des Bartisches, damit auch wir zugreifen können.

»Nein, vielen Dank. Ich habe keinen Hunger.« Ines scheint von dieser Esskultur ebenso wenig angetan wie ich. Obwohl uns beiden der Magen knurrt.

»Möchten Sie vielleicht ein Bier oder einen Kaffee?«, fragt uns der Sheikh.

Dann doch lieber einen Kaffee. Ich wollte schon immer mal einen echten arabischen Kaffee probieren. Stattdessen wird uns leider nur ein fürchterlicher Schnellkaffee mit heißem Wasser überbrüht. Aus lauter Höflichkeit würgen wir das braun gefärbte, nach Chlorwasser schmeckende Getränk hinunter. Unser Spender schmatzt eifrig vor sich hin und trinkt dazwischen immer wieder einen Schluck Bier.

»Ah, das schmeckt gut. Vor allem das Bier. Wissen Sie, ich komme aus Saudi-Arabien. Mit dem Auto ist das sehr nahe, seit es die Brücke gibt.«

Nach einem lauten Rülpser, für den er sich entschuldigt, fährt er fort: »Wir Saudis kommen gerne nach Bahrain. Hier darf man Alkohol trinken und sich vergnügen. Das alles ist in Saudi-Arabien verboten. Dort wird alles noch viel strenger kontrolliert.«

Aha, daher also weht der Wind. Vielleicht sollten wir uns doch ein wenig in Acht nehmen.

»Ich treffe mich hier mit meinen Freunden und wir feiern und trinken ein wenig. Wir kommen jede Woche in dieses Hotel und bleiben zwei Nächte. Woher kommt ihr eigentlich?«

»Aus Deutschland«, antwortet Ines.

»Wo ist das?«

Ines schaut mich sprachlos an. Ich erkläre: »Germany«. Keine Reaktion. »Allemania.« Nur ein Achselzucken. »Europe.«

»Europe. Das ist ja weit weg.« Immerhin scheint er mit dieser Aussage etwas anfangen zu können. »Paris?«

»Nein, Frankfurt und München.«

»Munic. Dort, wo das größte Bierfest der Welt ist? Da möchte ich unbedingt mal hin. Das muss ja Wahnsinn sein.«

Mit glänzenden Augen ruft er seinen Freund an unseren Tisch.

»Stell dir vor, die beiden kommen aus der Bierweltstadt.« Stolz wie Oskar stellt er uns seinen Freunden vor, die sich in ihren schneeweißen Gewändern zwischenzeitlich um uns geschart haben. Sie prosten sich lautstark zu; alle scheinen angetrunken zu sein, und das mitten am helllichten Tag. Von unserem vermeintlichen Sheikh erfahren wir, dass er eigentlich ein Bauer ist, mehr oder weniger seriös verheiratet, mit zwei Söhnen und gerade mal siebenundzwanzig Jahre jung.

»Das Leben ohne Alkohol und Frauen ist langweilig, nicht wahr?« Dabei versucht er seinen Arm um mich zu legen.

Hallo? Hat das etwa jemand erlaubt? Blitzschnell beuge ich mich zur Seite und er droht von seinem Barhocker zu fallen, sein Gleichgewicht hat ihn im Stich gelassen.

»Sorry«, stammelt er.

Ines und ich haben genug von diesen Typen und wollen so schnell wie möglich hier raus. Aber als Ines sich von ihrem Barhocker erhebt, steht sofort einer der Männer hinter ihr und weist sie bestimmt an, sich wieder zu setzen.

»Allmählich wird mir diese Situation unangenehm und ehrlich gesagt auch unheimlich. Komm, Karina, lass uns von hier abhauen, solange es noch geht!«

»Leichter gesagt als getan. Aber mir wird das allmählich auch zu aufdringlich!«

Und an unseren Saudi gewandt, spreche ich in recht lautem Ton und astreinem Englisch: »Vielen Dank für den Kaffee. Wir müssen jetzt los. Unser Schiff wartet.«

»Oh nein, wir lernen uns doch gerade erst kennen. Bleiben Sie. Leisten Sie uns Gesellschaft für den Abend. Wir werden bestimmt eine Menge Spaß haben«, und er zwinkert mit seinen zusammengekniffenen Augen.

Spaß haben, von wegen! Nicht mit uns! Als ich gerade einen Anlauf starte, mich vom Sitz zu erheben, werde ich schroff wieder nach unten gedrückt.

Just in diesem Moment ertönt aus dem rechten Korridor lautes Frauengeschnatter, und einige Sekunden später erscheinen fünf asiatische Frauen aus dem augenscheinlich horizontalen Gewerbe mit sehr tiefen Dekolletés, weit geschlitzten Kleidern und dramatisch geschminkt. Sofort erhebt sich die gesamte Männerwelt und stürzt sich auf die Frauen. Küsschen hier und Küsschen da. Offensichtlich scheint man sich gut zu kennen. Eine der Prostituierten wendet sich mir zu.

»Ach, wurden Sie auch abgeschleppt? Wissen Sie, die Jungs sind harmlos. Die wollen nur ihren Alkohol und eine schnelle Nummer. Das ist leicht verdientes Geld.«

Verdutzt schaue ich ihr direkt in die Augen. Sie wirken glanzlos, fade und matt. Richtig abgestumpft und verschleiert.

Sie zündet sich eine Zigarette an und verlangt nach einem Drink, der umgehend organisiert wird. Sie nimmt auf dem Barhocker zwischen mir und dem Saudi Platz. Mit rauchiger Stimme fährt sie fort: »Früher habe ich in Dubai gearbeitet. Das war anfangs ein Wahnsinnsgeschäft, aber dann öffneten mehrere Clubs, und alles lief nicht mehr so richtig. Seit einem Jahr schaffe ich jetzt in Bahrain an. Die Saudis zahlen noch ganz gut.«

Neugierig erkundige ich mich nach ihrer Herkunft.

»Ich komme ursprünglich aus China, bin aber schon lange von zu Hause weg. Meine Freundinnen kommen auch aus Asien. Und was machen Sie hier? Ist das Ihre Mutter?«

»Wir wurden hier hereingezerrt und befinden uns mehr oder weniger unfreiwillig hier. Wir kommen aus Deutschland und machen eine Kreuzfahrt.« Ines ist offensichtlich erleichtert, dass diese unangenehme Situation durch die Anwesenheit der Damen entschärft worden ist.

»Wow, aus Deutschland. Mein Cousin arbeitet dort. Er sagt, es sei ein schönes Land und die Deutschen seien sehr ordentlich und strukturiert. Wenn ich genügend Geld verdient habe, werde ich ihn mal besuchen. Aha, und mit einem Schiff sind Sie unterwegs? Von Deutschland, ist das nicht viel zu weit weg?«

Während sie mit uns plaudert, wird sie von dem Saudi überall befummelt, was sie offensichtlich nicht zu stören scheint. Überhaupt wirkt die ganze Situation eher familiär, so als würden sich alle bereits über Jahre hinweg kennen.

Ines ist jetzt voll und ganz aufgetaut und berichtet euphorisch über unsere Reise. »Ja, und so kamen wir nach Bahrain. Noch vor wenigen Monaten hätte ich mir nicht träumen lassen, mal hier zu sein. Tja, und offen gestanden sind Sie auch die erste Prostituierte, mit der ich mich unterhalte.«

»Die erste? Oh mein Gott! Es gibt doch überall welche, und ganz bestimmt auch in Ihrem Land. Der Job ist wie jeder andere. Wir verkaufen eine Mogelpackung gegen Geld. Eine Art Illusion. Aber die Männer fallen immer wieder darauf herein. Ich weiß nicht, ob ich das mein Leben lang mache, aber mein Job ist ganz okay. Ich wüsste nicht, wie ich mein Geld schneller verdienen könnte. Aber die Arbeit ruft. Sind Sie in einer Stunde noch da? Da mache ich nämlich Pause. Würde mich gerne noch weiter mit Ihnen unterhalten. Das ist spannend und macht Spaß. Wissen Sie, hier kommen eigentlich selten Touristen vorbei. In diesem Hotel treffen sich überwiegend die Saudis und andere Araber.«

Inzwischen ist der Saudi ungeduldig geworden und deutet unmissverständlich an, dass er nun so weit wäre. Was für ein Glück, dass die Prostituierte aufgetaucht ist; ich wage mir gar nicht vorzustellen, wie die Situation sonst ausgegangen wäre, angesichts der Glut, die jetzt in seinen Augen lodert.

Das ist nun der beste Moment, sich davonzuschleichen. Mit einem raschen Rundumblick stellen wir fest, dass die meisten Saudis schon mit ihren Prostituierten verschwunden sind. Nur noch zwei Pärchen befinden sich an der Bar und unterhalten sich angeregt und sichtlich auch erregt, zumindest der männliche Teil. Da fällt mir die Geschichte unseres omanischen Reiseleiters ein, der uns erzählte, dass sie unter diesen weißen Gewändern keine Unterwäsche tragen und somit allzeit bereit seien. Vielleicht würde eine derartige Belüftung der Lenden auch in Europa für mehr Nachwuchs sorgen. Ob wir der Familienministerin mal diese neue Erkenntnis mitteilen sollten? Vielleicht würde das den Geburtenanstieg stärker fördern als die Einführung der väterlichen Elternzeit.

Wir bedanken uns bei unserem Spender für den (fürchterlichen) Kaffee, wünschen den beiden noch viel Vergnügen und ziehen erleichtert aus dem Etablissement.

Draußen auf der sicheren Straße angelangt, brechen wir in

lautes Gelächter aus.

Ines ist sichtlich aufgewühlt: »Nein, also so was. Das habe ich mein ganzes Leben noch nicht erlebt! Das glaubt mir keiner! Aber wir sind doch wirklich ein bisschen naiv, oder? Das hätte auch ganz anders ausgehen können. Der hat dich doch schon fast mit den Augen ausgezogen!«

»Wenn einer eine Reise tut, dann kann er was erzählen«, erwidere ich lachend. »Schau mal, da vorne ist die große Straße. Ich weiß jetzt ungefähr, wo wir uns befinden. Das *Bab al Bahrain* müsste ganz in der Nähe sein. Komm, lass uns hier aus dem Souk verschwinden. Das waren für heute Abenteuer genug.«

Glücklicherweise hat mich mein Orientierungsvermögen nicht ganz verlassen und wir finden nach etlichen Querstraßen das ersehnte Eingangstor wieder. Nun gilt es nur noch ein Taxi zu finden, was hier wesentlich chaotischer organisiert ist als in all den anderen arabischen Zwischenstationen. Lauthals schreien ungefähr zwanzig Personen gleichzeitig nach einem Taxi, aber keines will anhalten. Wir sehen uns dieses Spektakel geraume Zeit an und beschließen, den Platz zu wechseln. Und tatsächlich haben wir Glück und finden einen Einheimischen, der anhält und uns Einlass in sein Taxi gewährt.

Doch offensichtlich beabsichtigt er, den Tagesumsatz in dieser touristenarmen Gegend kräftig nach oben zu treiben, denn er versucht uns sofort eine Halbtages-Tour für schlappe einhundertfünfzig Euro anzudrehen. Seine Gesichtszüge kräuseln sich bedenklich, als wir vehement ablehnen und darauf bestehen, uns nur bis zur Moschee fahren zu lassen, die auf halbem Weg zurück zum Schiff liegt. Hier fahren die stolzen Einwohner noch selbst Taxi, keine billigen Inder oder Asiaten, gibt er uns zu verstehen und lässt die Autotür so lange geschlossen, bis er ein entsprechendes Trinkgeld bekommen hat. Das war die teuerste Taxifahrt der gesamten Reise: Trotz Taxameter wurde am Ende einfach die Endsumme mit dem Faktor X multipliziert. Nun ja, auch das gehört zu den Erfahrungen, die man mal machen muss.

Die Moschee mit ihren eleganten Minaretten ist von einem riesigen freien Platz umgeben und wirkt sehr sauber, fast steril, ganz im Kontrast zu den schmutzigen Gassen im Souk. Überhaupt zeigt sich die Stadt Manama mit ihren zirka einhundertfünfzigtausend Einwohnern voller Gegensätze. Einerseits die hoch aufstrebenden modernen Glastürme, die Banktempel und futuristischen Hochhäuser, andererseits die kleinen orientalischen Gassen mit ihren alten, halb verfallenen Häusern. Auch in dieser Stadt wird an jeder Ecke gebaut, sodass sie in den kommenden zwanzig Jahren sicherlich in einem völlig neuen Erscheinungsbild dastehen wird.

Bestes Beispiel für die Fortschrittlichkeit und Moderne ist auch die beeindruckende *Al-Fateh*-Moschee mit ihrer riesigen Kuppel und den über siebzig Meter hohen Minaretten. Sie bietet sage und schreibe Platz für mehr als fünftausend Menschen, der Vorhofplatz mit den Arkaden für weitere zweitausend. Angeblich wurden während ihrer fünfjährigen Bauzeit über zweitausendneunhundert Quadratmeter edelster italienischer Marmor verlegt. Der übermächtige Kronleuchter aus Kristallglas, indische Teakholzmöbel und schottische Teppiche statten den zwanzig Millionen Dollar teuren Prachtbau aus. Nur wenige Moscheen werden Nichtgläubigen zum Besuch zugänglich gemacht, darunter auch diese. Wir haben großes Glück, dass ausgerechnet heute und morgen ein Fest zur Feier der *Hadsch*, der Pilgerwanderung nach Mekka, stattfindet und zu diesem Anlass die Moschee mit unzähligen Informationsständen und Führungen belebt ist. Am Eingang werden wir gleich abgefangen und müssen uns komplett verschleiern und einkleiden. Drei freundliche Damen sind uns dabei behilflich und reichen uns eine schwarze, bodenlange Kutte, die *Abbaya*. Bis auf das Gesicht darf kein freies Stückchen Haut zu sehen sein. Die Schuhe müssen wir ebenfalls ausziehen, und die Haare müssen komplett unter dem schwarzen Schleier verschwinden, der kunstvoll um meine Haarpracht getürmt und geschnürt wird. Binnen weniger Minuten verwandeln wir uns beide in schwarze Gespenster und fallen in all dem Getümmel nicht mehr als Europäer auf. Nur die Männer dürfen unverschleiert eintreten, allerdings auch nur mit langen Hosen und langen Oberhemden. Barfüßig betreten wir das Innere der Moschee. Außer einem übermächtigen Kronleuchter ist alles sehr schlicht gehalten. Wir sehen uns zunächst im Untergeschoss um.

»Kann ich Ihnen helfen?«, ruft uns ein weiß gekleideter Einheimischer zu, der sich mit einem Ausweis um den Hals als Führer preisgibt.

»Woher kommen Sie?«, fragt er uns in gebrochenem Englisch.

»Aus Europa«, antwortet Ines schnell.

»Aha, Europa ist groß. Woher genau?«, möchte er wissen und nähert sich uns bis auf wenige Zentimeter.

»Aus Deutschland«, antworte ich.

»Oh, da kommen Sie aber von weit her. Wir haben nicht allzu häufig Besucher aus solch fernen Ländern, ganz anders als unsere Nachbarn in Dubai. Herzlich willkommen in Bahrain. Wenn Sie wünschen, kann ich Sie durch die Moschee führen. Ich bin ein Volontär und mache einmal pro Woche Führungen in der Moschee.«

Zunächst sind Ines und ich etwas skeptisch, haben wir doch einige negative Erfahrungen gesammelt und wollen eigentlich nur unsere Ruhe haben, weshalb wir auch in die Moschee geflüchtet sind. Aber er macht einen solch vertrauenswürdigen Eindruck, dass wir uns auf ihn einlassen. Begeistert erzählt er uns von allen Details der Moschee und warum er sich hier so engagiert.

»Üblicherweise arbeite ich im Bankwesen, nach all den Zahlen ist dies hier eine schöne Abwechslung und man lernt viele Leute aus aller Herren Länder kennen. Wir möchten, dass die Gäste unseren Glauben verstehen lernen. Wie gefällt Ihnen unser Königreich?«

Auf diese Frage möchten wir eigentlich lieber nicht ehrlich antworten, das wäre zu unhöflich. Deshalb entscheiden wir uns für eine diplomatische Antwort.

»Es ist ganz anders als in Europa, außerdem sind wir ja erst heute Morgen angekommen«, antwortet Ines charmant.

»Oh, erst heute Morgen? Wie lange bleiben Sie noch?«, fragt unser Führer neugierig.

»Ehrlich gesagt noch genau zwei Stunden«, dabei wirft Ines einen Blick auf ihre Armbanduhr. Die Zeit ist wie im Fluge vergangen. Tatsächlich müssen wir schon wieder in ein, zwei Stunden an Bord sein, sonst fährt unsere *Aida* ohne uns weiter.

Empört schaut uns der Bahrainer an. »Nur noch zwei Stunden? Aber das ist ja viel zu kurz, warum diese Eile? Sie müssen noch unbedingt das Ölmuseum besuchen, die weltberühmte Formel-1-Rennstrecke, den fünfundzwanzig Kilometer langen *King Fahad Causeway*, die Brücke nach Saudi-Arabien. Es gibt noch so vieles zu entdecken!«

Wir erklären ihm, dass wir auf einer Kreuzfahrt unterwegs sind und somit überall nur für wenige Stunden in ein Land hineinschnuppern können, dafür aber in kurzer Zeit sehr viel Unterschiedliches erleben.

»Das ist aber schade, ich hätte Ihnen heute noch gerne unser Bahrain näher gebracht. Werden Sie denn wiederkommen?«

»In die Region bestimmt. Wann, wissen wir natürlich noch nicht. Die ganze Welt ist so sehenswert. Nächstes Jahr fahren wir vielleicht in die Karibik, wer weiß!«

Ines schmunzelt dabei über beide Ohren.

Aha, in die Karibik? Davon hat sie mir aber bisher kein Sterbenswörtchen erzählt. Ja, ja, da denkt man, man kenne seine Mutter, und plötzlich kommen da solche Überraschungen ans Tageslicht.

Unser freiwilliger Führer führt uns über die breiten Marmortreppen auf die Empore hinauf, wo wir uns in Augenhöhe des beeindruckenden Kronleuchters befinden. »Es wird Sie sicherlich interessieren, woher das Glas und die Kristalle für diesen mächtigen Kronleuchter stammen.«

Ines antwortet blitzschnell: »Natürlich aus Deutschland und Österreich. Das wissen wir schon von Ihren Nachbarn.«

»Da sind Sie ja bereits bestens informiert. Kommen Sie, ich zeige Ihnen noch etwas anderes. Wissen Sie denn, wie Ihr Name auf Arabisch geschrieben wird?«

In unseren bodenlangen, schwarzen Kutten folgen wir unserem Führer in die Eingangshalle der Moschee, wo eine hübsche, junge, ebenfalls komplett schwarz eingekleidete Dame uns in astreinem Englisch empfängt. Ihre weißen Zähne funkeln ebenso wie ihre schwarzen Augen, als sie uns voller Enthusiasmus das arabische Alphabeth auf einer großen weißen Tafel aufmalt und erklärt: »Unsere Schrift ist eine Art Lautschrift, wir unterscheiden achtundzwanzig Laute und reihen sie aneinander, ähnlich wie Ihr Alphabet. Dabei schreiben wir von rechts nach links und lesen natürlich auch die Bücher von hinten nach vorne. Möchten Sie, dass ich Ihren Namen schreibe?«

»Oh ja, gerne. Darf ich das als Souvenir mitnehmen? Dann schreiben Sie es bitte hier auf diese Postkarte.«

Mit schönen Schwüngen schreibt sie in Sekundenschnelle unsere beiden Namen auf die Karte. Dank des Alphabets, das noch an der großen Tafel steht, gelingt es uns tatsächlich, diese Hieroglyphen zu entziffern, und zur Übung dürfen wir auch selbst Hand anlegen und nachschreiben. Das macht richtig Spaß und ist bei Weitem nicht so kompliziert, wie es aussieht. Durchschaut man erst mal die Lautschrift, kann man recht schnell lesen und aussprechen. Die arabische Sprache klingt für unsere Ohren allerdings sehr hart und mit ihren unglaublich vielen Rachenlauten oft befremdlich und streng. Wenn sich hier zwei Menschen lautstark unterhalten, klingt das oft schon nach wenigen Minuten nach einem Streitgespräch, das uns Unbehagen einflößt.

»Sehen Sie, jetzt können Sie schon Ihre Namen schreiben und vielleicht auf der Straße einige Schilder lesen. Haben Sie jetzt Lust auf eine Tasse arabischen Kaffee?«

Noch ehe wir antworten können, schleppt uns unser Führer in eine Art Zelt im Foyer der Moschee, das kuschelig mit weichen Kissen eingerichtet ist. Gastfreundlich wird uns sofort ein Platz auf dem Boden angeboten, und wir machen es uns in den kniehohen Sitzkissen bequem. *»Two coffees?«*

»Yes, please.«

Als wollten sie in unserem Gedächtnis das Image von Bahrain manipulieren, scheinen sie uns die Wünsche von den Augen abzulesen. Ein herrlich duftender Kaffee wird eingeschenkt. In einer besonderen Zeremonie wird die bronzene orientalische Kaffeekanne mit ihrem schwungvollen Ausgussschnabel in einer Höhe von zirka einem Meter gehalten. Ohne dass auch nur ein Tropfen des köstlichen Kaffees verkleckert wird, ergießt sich das aromatische Getränk wie von Geisterhand gelenkt punktgenau in unsere kleine Mokkatasse. Dazu werden köstliche Gebäckstückchen aus Honig, Mandeln und Datteln gereicht, längst nicht so süß wie das türkische Gebäck. Noch immer sind wir gänzlich vermummt und passen uns unauffällig der Umgebung an, doch verrät der Blick in die Augen der weiteren Besucher, dass sich außer uns keine Europäer mehr hier befinden.

Wir haben es uns gerade so richtig gemütlich gemacht, als eine zweite junge Dame freudestrahlend auf uns zumarschiert. Scheu senkt sie den Blick, und in sehr leisem und zögerlichem Englisch bietet sie eine Handbemalung mit Henna an. Das wollte ich schon immer mal ausprobieren, weil ich finde, dass es einfach umwerfend aussieht. Das junge Mädchen vergewissert sich mit einem Blick zu unserem Führer, der ebenso wie wir das Gebäck und den Kaffee zu genießen scheint, dass das in Ordnung geht. Er nickt, und schon sitzt sie direkt vor mir auf dem Boden. Sehr geschickt und schnell zeichnet sie auf meinen rechten Handrücken mit einer braunen Paste aus einer kleinen Tube ein Blumenmotiv. Es zieht sich zirka zwanzig Zentimeter über den gesamten Handrücken und endet am Fingernagel des Zeigefingers.

»Das dürfen Sie jetzt nicht berühren. Das muss ungefähr eine halbe Stunde trocknen. Dann bröselt die Paste ab und es wird ein richtiges Henna-Tatoo«, erklärt uns der Führer.

»Toll, und wie lange hält so was?«, will Ines wissen.

»Oh, das kommt ganz darauf an, wie häufig Sie Ihre Hände waschen. Aber in der Regel zirka eine Woche, danach verblasst es. Die einheimischen Frauen zieren sich damit wie mit Schmuck, vor allem zu Festen und Hochzeiten. Gefällt es Ihnen?«

»Es sieht ganz bezaubernd aus.« Ines begutachtet die Arbeit und schenkt dem Mädchen einen anerkennenden Blick, bevor es sich mit einem großen Lächeln von uns ebenso sanftmütig verabschiedet, wie es gekommen ist.

»Ines und Sie dürfen jetzt noch in ein echtes Hochzeitskleid schlüpfen. Das steht Ihnen sicher besser als dieses schwarze Gewand. Kommen Sie.«

Ohne unsere Antwort abzuwarten, schiebt er Ines in einen Nebenraum, in dem es nur so glitzert. Die schillerndsten Gewänder und bodenlange Kleider in prachtvollen Farben sind auf Kleiderstangen aufgereiht. Zwei junge Frauen nehmen sich umgehend meiner Mutter an und verwandeln sie innerhalb weniger Sekunden in eine orientalische Braut.

Bei ihrem Anblick kann ich mir das Lachen kaum verkneifen. Sie sieht einfach zu komisch aus in diesem knallig bunten Gewand.

»Lach mich jetzt bloß nicht aus, Karina. Das ist unfair!«

»Ach was. Das sieht einfach so, so …«

»Na, sag schon: dämlich aus.«

Die beiden Ankleiderinnen können unser Lachen gar nicht verstehen und schauen Ines voller Bewunderung an. Offensichtlich haben sie auf mehr Begeisterung gesetzt.

»Don't you like it?«

Zu allem Überfluss setzen sie nun auch noch den goldenen Kopfschmuck auf Ines' Haupt. Wie ein Netz wird er ihr auf die Haare gelegt, an den Seiten baumeln Perlen herab. Das Gewand selbst schillert in orangenen, grünen und goldenen Farben, die Ärmelweite am Handgelenk beträgt bestimmt achtzig Zentimeter und hätte beim Abheben in die Lüfte locker als Flügel dienen können. Da wir beide noch immer nicht in Begeisterungsstürme ausbrechen, bemühen sich die Damen um ein weiteres Gewand, welches noch farbenfroher gestaltet ist. Dazu reichen sie Ines einen Schleier, der ihr bis an die Knie reicht und mit Goldfäden edel bestickt ist.

»Wow. So müsstest du mal vor deinen Mann treten. Der würde dich bestimmt mit siebzig wieder heiraten. Schade eigentlich, dass wir in Deutschland immer noch unser langweiliges Weiß tragen.«

Geschmeichelt betrachtet sich Ines in dem großen Spiegel, den die Anzieherinnen herbeigeschleppt haben.

»You look very nice.«

Sichtlich erleichtert, dass wir doch noch von ihren Kleiderkünsten angetan sind, helfen sie Ines binnen Sekunden wieder in die schwarze *Abbaya*. Unser Führer erklärt uns, dass die Hochzeit hier sehr kostspielig ist und diese Gewänder oft mit echtem Goldfaden verarbeitet werden. Die Hochzeitszeremonie dauert hier meist eine komplette Woche, sodass mehr als ein Kleid gekauft werden muss. Je nach Status der Familie haben solche Hochzeitskleider Vermögenswerte wie manche Luxusautos. Da sonst die Farbe Schwarz vorherrscht, wird die Hochzeit sehr bunt und farbenfroh gefeiert.

»Ich weiß, dass Ihnen das nicht so gefällt, aber wir mögen das sehr. Haben Sie noch ein wenig Zeit? Ich möchte Ihnen noch gerne als Letztes die *Hadsch* erklären. Das ist das Kernstück des Islams, die heilige Reise nach Mekka. Eine Kollegin wird Ihnen das ausführlich erläutern. Ich muss mich leider jetzt schon von Ihnen verabschieden, da ich meinen Dienst im Büro beginne. Es war mir eine Freude, und ich hoffe, ich konnte Ihnen weiterhelfen.«

»Und ob. Es war sehr interessant und wird uns bestimmt in guter Erinnerung bleiben. Wir möchten uns ganz herzlich bei Ihnen bedanken. Hier, nehmen Sie das als kleine Anerkennung.«

Ines möchte ihm ein Bakschisch in die Hand drücken, was hier ja durchaus üblich ist und meist auch erwartet wird.

»Oh nein. Das nehme ich nicht an. Ich arbeite hier als Volontär, und Spenden sind nicht erlaubt. Trotzdem vielen Dank und eine schöne Reise noch.«

Ebenso charmant, wie er gekommen ist, geht er auch wieder.

Ein kurzer Blick auf die Uhr verrät uns, dass wir höchstens noch fünfzehn Minuten haben, schließlich müssen wir ja auch noch zum Hafen zurück. Aber diese Gelegenheit möchten wir uns natürlich nicht entgehen lassen. Wir laufen zurück in das große Foyer. Schon von Weitem erkennen wir die riesigen Fotos des heiligen schwarzen Kubus, umgeben von Millionen Pilgern. Wieder ist es eine Frau, die uns in die Geheimnisse der *Hadsch* einweiht. Sie kommt nicht aus Bahrain, sondern aus Ägypten, und hilft ihren Kolleginnen nur aus, da zur Zeit so viel zu tun ist. Sehr anschaulich erklärt sie uns den Ablauf und die Bedeutung dieser Pilgerwanderung nach Mekka. Fasziniert lauschen wir ihren Ausführungen.

»Jeder Moslem sollte einmal im Leben die Reise nach Mekka antreten, allerdings nur, wenn er es sich leisten kann. Oft dauert die Reise eine ganze Woche und bedarf aufwändiger

Vorarbeiten. Nur ein Mal im Jahr, am Ende des Ramadan, das jetzt gerade ist, gilt diese Reise als ganz besonders erstrebenswert. Mit mehreren Millionen Pilgern aus aller Welt trifft man sich in Mekka. Dort muss man sich erst einmal seiner gesamten Kleidung und des Habs und Guts entledigen. Alle Gläubigen tragen die gleiche Tracht, eine weiße Leinenkutte, bestehend aus drei einzelnen Schals, die kunstvoll nach einem ganz bestimmten Ritual gebunden werden. Damit lässt sich der Standesdünkel ablegen, der oft im Tragen von Markenkleidung sichtbar wird. Vor Allah sind alle gleich, egal ob arm oder reich. Übrigens werden die Armen häufig von Sponsoren zu dieser Reise eingeladen, sonst wäre sie ihnen nicht möglich.«

Das ist ja alles wirklich interessant, und wir lauschen gespannt.

»In Mekka selbst müssen pro Tag sehr viele Aufgaben erledigt werden«, fährt die Ägypterin fort, »so das regelmäßige Beten, das Umschreiten des schwarzen Kubus und das Abwandern der umliegenden Sieben Heiligen Hügel. Es ist eine riesige Logistik und Organisation, die hinter all dem steckt. Ich selbst habe dort schon gearbeitet, und es grenzt an ein Wunder, wie friedvoll alles abläuft, trotz der Millionen Menschen, die zur gleichen Zeit anreisen. Die Moschee ist mittlerweile viel zu klein, sodass gerade eine neue erbaut wird; sie soll die größte Moschee der Welt werden. Im Übrigen möchten wir uns ganz und gar von den radikalen Islamisten distanzieren, die unserer Meinung nach den Koran ganz falsch auslegen und ihn zur Machtausübung missbrauchen. Der Islam ist eine sehr tolerante und friedliebende Religion und hat nichts mit Fanatismus zu tun. Wussten Sie eigentlich, dass der Islam und das Christentum sehr viele Gemeinsamkeiten haben?«

Mit fragendem Blick schauen wir die Ägypterin an und zucken mit den Achseln.

»Doch. Der Urvater beider Religionen geht auf Adam zurück. Schauen Sie hier auf den Lebensbaum. Hier können Sie sehen, dass er einen Sohn hatte, Noah, und der wiederum Abraham. Unser Mohammed ist im Grunde genommen ein weiter Verwandter von Jesus, an den die Christen glauben. Somit ist unser Grundgedanke von der gleichen Wurzel wie das Christentum. Sind Sie jetzt überrascht?«

Ehrlich gesagt haben wir uns bisher kaum mit dem Islam auseinandergesetzt und schon gar nicht die Unterschiede zum christlichen Glauben analysiert. Durch die vielen Terroranschläge in der jüngsten Vergangenheit wurde der Islam sicherlich in ein sehr schlechtes Licht gerückt. Aber wurden nicht auch unzählige Kreuzzüge im Namen des Glaubens geführt, die mit so viel Blutvergießen einhergingen? Auch damals wurde der Glaube missbraucht, um Macht auszuüben. Auf dieser Reise wurde uns schon viel über den Islam vermittelt, und trotz all der äußerlichen Fortschrittlichkeit, der Megamoderne und der schier utopisch anmutenden Projekte sind die Menschen noch sehr in ihrem Glauben verwurzelt. Der Islam und die Rituale des Glaubens sind an jeder Ecke deutlich spürbar.

»Oh mein Gott. Hast du mal auf die Uhr gesehen? Es ist allerhöchste Zeit. Wir müssen um halb vier an Bord sein. Das schaffen wir in zwanzig Minuten niemals. Außerdem habe ich keinen blassen Schimmer, wie wir von der Moschee an den Hafen gelangen sollen. Taxen gibt es ja hier weit und breit keine.« Panisch ziehe ich Ines aus ihrem Sitz.

»Jetzt mach doch nicht so eine Hektik! Wir schaffen das schon irgendwie. Bisher sind wir immer pünktlich gewesen, auch wenn wir oft schon bei den Letzten waren.«

Offensichtlich hat meine Mutter den Ernst der Lage nicht erkannt. Wenn wir das Schiff verpassen und hier festsitzen … Beim Bordgang wird uns immer ausdrücklich erklärt, dass ein Zuspätkommen nicht geduldet wird und das Schiff pünktlich ablegt. Die Gestrandeten haben sich dann selbst um die Weiterreise zu kümmern. Bisher ist dieser Ernstfall offensichtlich nur sehr selten eingetreten. Und von allen Bordgängern wissen wir, dass sie die Ablegezeiten sehr ernst nehmen.

»Haben Sie ein Problem?«, fragt mich die Ägypterin, die abrupt mit ihren Ausführungen über den Islam aufgehört hat.

»Allerdings. Wir müssen unbedingt in einer Viertelstunde auf unserem Schiff sein, sonst legt es ohne uns ab.«

»Sie sind mit dem Schiff hier? Aus Deutschland? Das ist aber eine lange Reise.«

Ines will gerade anfangen, unsere Kreuzfahrt zu erklären, als ich ihr unmissverständlich und äußerst barsch ins Wort falle.

»Du kapierst nicht. Wir müssen ganz dringend los!«

Gemeinsam hasten wir an die Eingangstore der Moschee, werfen unsere *Abbayas* über die Kleiderstange, schlüpfen hastig in unsere Sandalen und stürzen aus der Moschee, sehr zum Missfallen der Sicherheitsgarde, die sich draußen aufgestellt hat.

»Stop. Stay!«

Und schon haben wir zwei streng bewaffnete Sicherheitsbeamte an unseren Fersen kleben. Sie zwingen uns zum Stehenbleiben und fordern uns auf, augenblicklich die Ausweise zu zeigen.

»Please come with us.«

Mit der Polizei ist hier ganz und gar nicht zu spaßen und ich ermahne Ines, mit dem Kokettieren aufzuhören. Wie Verbrecher werden wir an den Hintereingang der Moschee eskortiert.

Aufgeregt versuche ich dem Polizisten zu erklären, warum wir es so eilig haben, was ihn aber nicht im Geringsten zu interessieren scheint. Sein Englisch ist auch sehr rudimentär und ich bin mir bis zum Schluss der Verhandlung nicht sicher, ob er auch nur ein Wort verstanden hat.

»We check your paper.« Damit verschwinden sie mit unseren Pässen in einem weiteren Nebenraum.

Wir sitzen wie begossene Pudel auf den eiskalten, schäbigen Stühlen vor einem ebensolchen Schreibtisch, der von einem weiteren schwerbewaffneten Polizisten bewacht wird.

»So ein Mist aber auch. Das hat uns gerade noch gefehlt!«, fluche ich.

»Ja, wenn du nicht so panisch rausgerannt wärst, wäre das alles nicht passiert!«

Na super. Diese Kommentare sind ja nun das Allerletzte, was man in solch einer Situation als Tochter ertragen kann. Die Autorität der besserwisserischen Mütter! Ich versuche mich zu beherrschen und stehe auf, um tief durchzuatmen.

»You sit!«, pflaumt mich der Polizistenschnösel an. Ich dachte, der kann gar kein Englisch. Widerwillig setze ich mich umgehend hin und versuche nun, ihm unsere Situation zu erklären.

»Sorry, no English!«, ist alles, was ich zu hören bekomme.

»Hast du dein Handy dabei?«, frage ich Ines.

»Nein, natürlich nicht. Das liegt im Safe an Bord. Du hast doch selbst gesagt, dass das hier nicht funktioniert.«

Dieser vorwurfsvolle Ton könnte mich auf die Palme bringen. Dummerweise habe auch ich meines nicht eingesteckt.

»Wir müssen auf der *Aida* anrufen. Wir schaffen es nie und nimmer, pünktlich zur *Boarding time* da zu sein. Wir müssen wenigstens die Leute informieren. Vielleicht können sie ja ausnahmsweise noch einige Minütchen auf uns warten.«

»Das ist ja eine geniale Idee, Ines. Und wie, bitte schön, und wo sollen wir anrufen?«

»Hast du keine Notfallnummer von der *Aida* dabei? Du sorgst doch sonst immer vor!«, antwortet Ines schnippisch.

»Nein, habe ich nicht. Was machen wir denn jetzt?«

Zum ersten Mal bin ich komplett ratlos. Schade, dass der Trick, die Nase zu reiben, nur bei Wickie funktioniert. Bei uns tritt die Erleuchtung leider nicht ein, und auch von unseren Polizisten ist keine Spur mehr zu sehen. Der Gedanke an Scharlatane, die sich unsere Pässe unter den Nagel reißen, um damit abzuhauen, sollte ganz schnell wieder verdrängt werden.

Die Minuten auf der Polizeiwache vergehen im Schneckentempo. In fünf Minuten ist Ende der *Boarding time* und wir sitzen hier fest! Daran muss ich jetzt ganz dringend etwas ändern, bevor es zu spät ist.

»Hello! Hello!«, rufe ich laut mit sehr energischer Stimme in Richtung des Nebenraumes, in dem die beiden Polizisten verschwunden sind.

»Yes. One moment!«, hallt es aus der Richtung.

Gott sei Dank, die beiden sind noch da und nicht mit unseren Pässen abgehauen. Nach einigen weiteren endlosen Minuten kommen sie um die Ecke, die Papiere in der Hand.

»We still have to check!«

Na toll! Klar ist der Pass in Ordnung. Nur, leider verpassen wir jetzt unser Schiff!

»We have a problem«, versuche ich es erneut. Dann kommt mir doch eine Idee: Wir brauchen einen Übersetzer.

»Ines, du bleibst hier bei den Polizisten und ich gehe zurück in die Moschee zu der Ägypterin, die kann uns jetzt vielleicht helfen.«

»Okay. Geh nur. Ich halte hier die gemütliche Stimmung. Aber komm bitte schnell wieder zurück!«

Ich gebe zu verstehen, dass ich wiederkomme. Die Moschee selbst darf ich wieder nur in der schwarzen Kutte betreten. Zum Glück gibt es gerade keine Warteschlange und ich kann recht schnell zu der Ägypterin vordringen, die gerade dabei ist, einigen Gästen den Islam näherzubringen. Sie erkennt mich sofort wieder und lächelt mich an.

»Wir brauchen Ihre Hilfe! Können Sie bitte kurz mitkommen, zur Polizei?«

»Zur Polizei?« Sie zieht die Augenbrauen zusammen. »Oh, mit der Polizei versuchen wir hier nur im äußersten Notfall in

Kontakt zu treten.«

»Ja, der ist für uns eingetreten. Wir müssen ganz dringend auf unser Kreuzfahrtschiff zurück, sonst fährt es ohne uns los.«

Die Ägypterin willigt ein und ist bereit mitzukommen. Während des Rückweges setze ich sie von unserer Misere in Kenntnis.

»Aber es ist ja bereits halb vier durch, da hätten Sie doch schon an Bord sein müssen, oder?«, fragt sie skeptisch.

»Ja, das stimmt. Aber Leinen los, das heißt die tatsächliche Abfahrt des Schiffes, ist meist dreißig Minuten später.«

»Aha, ich verstehe. Da pokern Sie aber ganz schön. Okay, ich werde versuchen, das der Polizei zu erklären, vielleicht nutzt das was.«

Eine schier endlose, lautstarke Konversation startet zwischen den drei Polizisten und der verschleierten Ägypterin. Es klingt, als würden sie bald mit dem Messer aufeinander losgehen. Der eine verschwindet daraufhin wieder im Nebenraum, während der kleine Schreibtischbeamte wichtigtuerisch aufsteht, um seine ganze Autoriät zu unterstreichen. Wir haben kein Wort verstanden und können an den undurchdringlichen Mienen auch nicht erkennen, ob sie gewillt sind, uns zu helfen.

Plötzlich verschwindet unsere Ägypterin, nachdem sie uns per Handzeichen bedeutet hat, dass wir Ruhe bewahren sollen.

»Da sitzen wir ja ganz schön in der Patsche. Die diskutieren endlos und unser Schiff läuft ohne uns aus. Wo schlafen wir denn dann heute Nacht und wie kommen wir morgen wieder nach Dubai? Hast du wenigstens die Kreditkarte mit?«

Jetzt hat auch Ines den Ernst der Lage erkannt.

»Natürlich habe ich die dabei. Aber ob wir so schnell einen Flug bekommen? Keine Ahnung, auf alle Fälle müssen wir spätestens übermorgen auf der *Aida* auschecken. Dabei wäre ich heute Abend so gerne zu der brasilianischen Show gegangen, die soll nämlich ganz toll sein.«

»Na, die kannst du dir jetzt abschminken. Sei froh, wenn wir ungestraft aus dieser ganzen Sache rauskommen.«

In Gedanken spielen wir die unterschiedlichen Szenarien durch: wo wir übernachten könnten, wie und wann wir nach Dubai kommen … Dabei laufen wir gequält auf und ab, bis uns der Schreibtischpolizist ermahnt: *»You sit!«*

Wahrscheinlich sind dies die einzigen Worte, die er gelernt hat. Widerwillig setzen wir uns auf die unbequemen Stühle. Einen kurzen Moment später taucht endlich unsere Ägypterin wieder auf. Ihre Miene lässt nichts Gutes erahnen.

»Ich habe Ihnen doch gesagt, dass es sehr unangenehm ist, mit der Polizei etwas zu tun zu haben. In euren Ländern versucht sie, den Menschen zu helfen. Hier sind sie alle korrupt und versuchen sich selbst einen Vorteil zu verschaffen oder zumindest ihre Macht zu demonstrieren.«

»Also, was ist nun? Haben die verstanden, worum es uns geht?«, frage ich sehr ungeduldig.

»Ja, ich denke, das haben sie. Aber das heißt für die noch lange nicht, dass akuter Handlungsbedarf besteht. Ich habe versucht, sie zu motivieren, am Hafen anzurufen und die Brücke informieren zu lassen, dass Sie etwas später kommen und dass das Schiff bitte warten soll.«

»Das ist ja eine fantastische Idee. Und? Haben die es versucht?«

»Nein, sie diskutieren noch, ob das überhaupt ihr Job ist.«

»Ob das ihr *Job* ist? Das würde bei uns keinen interessieren, Hauptsache, man kann helfen!«

»Sie sind aber nicht in Europa! Sagen Sie mal, auf welchem Schiff sind Sie denn überhaupt?«

»Auf der *Aida*. Das ist ein sehr großes Schiff. Wir sind in Dubai gestartet und werden dort auch die Kreuzfahrt beenden«, antwortet Ines mit nachdrücklichem Stolz.

»*Aida*, noch nie gehört. Aber wissen Sie, dafür interessiere ich mich auch nicht. Entschuldigen Sie, ich werde mal versuchen, nachzuhaken, wie nun der Stand der Dinge ist.«

Wieder sitzen wir unter Hochspannung auf den Stühlen und lauschen dem Hin- und Hergegeifere der Diskutierenden. Inzwischen ist es schon zehn vor vier – um vier heißt es Leinen los!

Endlich erscheinen alle drei. Die Ägypterin übersetzt: »Wir werden den Hafen nicht benachrichtigen, da dies nicht in unseren Aufgabenbereich fällt. Aber wir haben eine Eskorte für Sie angefordert, die Sie umgehend an den Hafen bringen wird. *Insh'Allah* ist Ihr Schiff noch da. Mehr können wir für Sie nicht tun.«

Ines und ich schauen uns verzweifelt an. Was soll's, das ist unsere einzige Chance, und die sollten wir tunlichst ergreifen. Wir bedanken uns bei unserer tapferen Dolmetscherin, ohne die wir sicherlich gar nichts erreicht hätten, und danken den Polizisten, die uns nun endlich auch unsere Pässe wiedergeben. Wenige Augenblicke später sitzen wir in einer Art Polizeiauto, einem klapprigen Van mit verrosteten Türen. Der Polizist überfährt sämtliche rote Ampeln und setzt mindestens hundertmal seine Hupe ein. Der Weg kommt uns ewig vor. Wir haben uns an die Hand genommen und senden stumme Gebete zum Himmel, dass unser trautes Heim noch im Hafen liegt. Endlich, die letzten Straßenkreuzungen, nur noch fünfhundert Meter bis zum Hafen!

Da trifft uns der Schlag – unsere *Aida* ist weg! Oh nein, alles umsonst! Diesen Giganten hätten wir aus dieser Entfernung doch längst schon erspäht. Unser Polizist befragt den Hafenbeamten am Sicherheitscheck und schüttelt den Kopf. Das gibt es doch nicht! Die sind einfach ohne uns losgefahren!

Dann kommt ein zweiter Mann aus dem Häuschen und deutet in die andere Richtung. Die Reifen unseres klapprigen Gefährts quietschen, und eine Viertelsekunde später machen wir eine scharfe Kehrtwende. Unser Polizist brüllt etwas auf Arabisch, aber wir haben keine Ahnung, was es bedeuten könnte. Einige Kurven später, vorbei an unzähligen Containern und aufgetürmten Gegenständen, erreichen wir einen weiteren Hafenabschnitt. Plötzlich schreit Ines neben mir: »Da, da ist sie! Das ist unser Schiff! Unsere *Aida*! Halt, wir kommen! Fahr nicht ohne uns ab! Haaalt!«

Ungeniert lehne auch ich mich aus dem Fenster und schreie aus Leibesbrust im gleichen Takt wie Ines. Unser Fahrer hat nun anscheinend auch verstanden, dass wir dieses Schiff meinen, und eskortiert uns tatsächlich direkt bis zur Anlegestelle. Alle Schiffseingänge sind bereits verschlossen, die Gangways eingefahren, aber die Leinen sind noch nicht los. So stehen wir nun, hilflos wie Kinder, vor dem gigantischen Schiff und schreien uns die Seele aus dem Leib. Nur, wer kann uns schon hören?

Unser Polizist macht sich aus dem Staub. Er hat seine Arbeit getan und uns abgeliefert, der Rest ist unser Problem.

Da, da läuft ein Passagier auf Deck fünf, das offen und nicht verglast ist.

»Ines, auf *drei* rufen wir Hilfe. Schrei, so laut du kannst!«

Eins, zwei, drei: »HIIIILFE!«

Nichts passiert. Noch mal. »HIIILFE! HALLO, HILFE!«

Da lehnt sich jemand über die Reling und ruft etwas zu uns herunter, was aber leider im Getöse der Motoren völlig untergeht. Wir fuchteln verzweifelt mit den Armen und schreien weiter.

Keine Ahnung, wie lange das so geht. Es kommt uns unendlich vor, bis schließlich wie von Geisterhand das Schiffstor auf Deck drei geöffnet wird. Eine kleine Rampe wird ausgefahren – und wir können an Bord gehen!

Erleichtert und erschöpft fallen wir der *Aida*-Crew um den Hals.

»Sind Sie Ines und Karina aus Kabine 8342? Zum Glück

sind Sie endlich da. Wir haben Sie bestimmt schon fünfmal ausrufen lassen und die Kabine überprüft. Wo zum Teufel haben Sie denn gesteckt? Trinken Sie erst mal einen Schluck auf den Schreck. Ich gebe inzwischen Meldung an den Kapitän, dass wir nun endlich ablegen können. Lange hätten wir nicht mehr auf Sie gewartet! Sie hatten Glück im Unglück, denn drei Busse kamen durch einen Unfall verspätet an, sonst hätten wir bereits abgelegt!«

»Es tut uns auch unendlich leid. Aber wir sind so froh, jetzt an Bord zu sein!«

Kaum sind unsere Bordkarten eingescannt, legt das Schiff auch schon ab und wir entfernen uns gemessenen Tempos von Bahrain.

»Puh. Da hatten wir aber Glück. Das war verdammt knapp. Karina, ich bin jetzt völlig fertig. Komm, lass uns auf das Sonnendeck gehen und zur Feier des Tages ein Glas Sekt trinken. Das müssen wir begießen!«

Schnell holen wir eine Jacke aus der Kabine und gehen hoch an Deck, wo schon eine ausgelassene Stimmung herrscht und der rührende *Sail-Away*-Song die Tränendrüsen so stark massiert, dass sich das ganze Nass über das Gesicht verteilt. Ines und ich liegen uns völlig aufgelöst in den Armen, unfähig, auch nur ein Wort zu sprechen. Wie schön, wieder an Bord zu sein!

Langsam beruhigen wir uns wieder. Und sind heilfroh, dass wir als Zuspätkommer nicht geoutet wurden. Nicht auszumalen die Situation, wenn der Kapitän unsere Namen über die Lautsprecher hätte ertönen lassen, nach dem Motto: »Meine sehr verehrten Damen und Herren. Nachdem nun auch die Nachzügler endlich eingetroffen sind, können wir nun verspätet unseren Kurs auf Dubai nehmen …« Außer einigen *Aida* Mitarbeitern weiß dies aber niemand, und wir genießen die Anonymität, schwören uns aber, beim nächsten Mal pünktlich zurückzukehren.

Der Riesenkoloss setzt sich mit geballter Kraft in Bewegung und wird geschickt vom Kapitän aus dem engen Hafenbecken ausgeparkt, vorbei an einer Schlange von Öltankern. Das goldene Licht der untergehenden Sonne wärmt unsere Gesichter und lässt sie erstrahlen. Der Wind auf dem Meer ist frisch und wir hüllen uns in Handtücher. Bahrain entfernt sich immer mehr, bald sind die modernen Wolkenkratzer der Stadt im Dunkel der Nacht verschwunden. Kaum ist die Sonne untergegangen, wird es unangenehm kühl auf dem Deck, während die Fackeln die ins Meer gebauten Ölförderanlagen wie Geisterstädte im dunklen, kalten Nichts erstrahlen lassen.

Da uns der Magen ohnehin schon den ganzen Tag knurrt, beschließen wir, heute früher zum Dinner zu schreiten, und schalten bei Dusche und Abendstyling den Turbo ein. Selbst Ines kleidet sich nicht fünfmal um wie sonst, sondern greift zum erstbesten Kostüm, das ihr allerdings perfekt steht. Vielleicht hat sie mir das Jugendlichkeits-Gen ja vererbt, dann brauche ich mir um Aussehen und Fitness nie Sorgen zu machen. Ich werde auch noch mit siebzig die Weltmeere erobern! Aber bis dahin habe ich ja zum Glück noch ein paar Jährchen, die ich durchaus genießen möchte: weiterhin viel reisen, viele Eindrücke sammeln, neue Menschen und Kulturen kennenlernen, mich in der Natur bewegen und treiben lassen vom spannenden Rhythmus des Lebens. Wer weiß, was noch alles auf einen wartet. Das Leben ist so voller Energie und Überraschungen, wenn man es nur zulässt. Unzufriedenheit und Verdruss sind hierzulande allzu häufig hausgemacht! Sicher, das Leben ist nicht immer einfach, aber nur zu klagen und zu jammern war noch nie mein Lebensmotto, und das meiner Mutter schon gar nicht. In den harten Nachkriegsjahren hatten sie nicht viel Geld, dafür umso mehr Arbeit. Geklagt wurde in unserer Familie aber nie. Man versuchte aus jeder Situation das Beste zu machen – eine Lebensweisheit, die ich auch meinen eigenen Kindern vermittelt habe.

»Karina, träumst du? Ich bin schon lange startklar und du hast dir noch nicht mal die Haare geföhnt. Beeil dich, ich habe Hunger. Lass uns heute Abend ins *Weite-Welt*-Restaurant gehen, mir ist nach Fisch und Meeresfrüchten.«

Ines steht tatsächlich fix und fertig an der Kabinentür, während ich noch einen Turban auf dem Kopf trage, obwohl ich als Erste geduscht habe. Also schalte ich einen Gang höher und schlüpfe in meine schwarze Hose, die weiße lange Seidenbluse und das beigefarbene Jackett; noch ein wenig Mascara, Lippenstift, fertig!

»Donnerwetter, das ging jetzt aber schnell!«

Bewundernde Worte von der eigenen Mutter hört man selten und sollte sie umso mehr genießen.

Auf Deck zehn hat sich vor dem Restaurant inzwischen eine Warteschlange gebildet. Um diese frühe Uhrzeit sind wir bisher noch nicht essen gewesen, weshalb wir so etwas noch nicht erlebt haben. Aber nach nur wenigen Minuten und einigen Smalltalks mit den anderen Gästen werden Tische frei. Wir holen uns frisch gegrillten Fisch, Thainudeln und asiatisches, im Wok zubereitetes Gemüse. Selbst beim Nachtisch greifen wir diesmal ohne schlechtes Gewissen ordentlich zu, schließlich haben wir auf das Mittagessen verzichtet. Über unsere heutigen Abenteuer schweigen wir bei Tisch und hören den Tischnachbarn zu.

Am späten Abend locken uns noch die »Brasilianischen Träume« ins *Theatrium*. Statt feuriger Tanzeinlage wird uns ein köstliches Kabarett gezeigt, eine witzige Ehekomödie mit einem überraschenden Ende: Nicht der Ehemann, der sich auf ein Abenteuer mit der vollbusigen Beate einlassen will, kommt zum Zuge, sondern ganz unverhofft die Ehefrau mit dem Kellner. Na ja, wem dieses Programm zu seicht ist, der kann mit dem *Special Guest*, einem *Safety-Car*-Fahrer der Formel 1, hinter die Kulissen des Motorrennsports blicken.

Wir genehmigen uns einen letzten Drink an der *Aida*-Bar, wo noch bis in die frühen Morgenstunden beim legendären Alpenglühn zünftig getanzt und gefeiert wird. Bei Evergreen-Musik und Weißbier mit Lederhosen-Charme und Schuhplattler ein wahres Kontrastprogramm zum Orient! Da wir uns morgen noch für eine Biketour durch Dubai angemeldet haben, ziehen wir es vor, nicht ganz zu versacken. Schließlich wollten wir uns nicht schon wieder blamieren. Der seichte Wellengang wiegt uns in den wohlverdienten Schlaf.

Kapitel 6

Dubai, Stadt der Superlative

Viel zu früh für meinen Geschmack, reißt uns der Wecker aus dem Schlaf. Während der Nacht haben wir zweihundertachtundsiebzig Seemeilen oder umgerechnet fünfhundertzweiunddreißig Kilometer von Bahrain bis nach Dubai hinter uns gebracht, vorbei an Katar quer durch den Persischen Golf. Damit haben wir nach einer sehr beeindruckenden Reise und über zweitausenddreihundert Kilometern unsere Endstation erreicht. Auf solch angenehme Art und Weise haben wir noch nie eine Rundreise erlebt. Stundenlange, unbequeme Busfahrten, ständiges Kofferpacken, Zimmer neu beziehen, anmelden, auschecken und so weiter, all das blieb uns erspart. Und während wir sanft in den Schlaf gewiegt wurden, ohne auch nur einmal den Koffer zu packen, waren wir am nächsten Morgen in einer neuen aufregenden Stadt oder gar in einem fremden Land angekommen. Eine wirklich geniale Art des Reisens!

»Guten Morgen, mein Schatz, hast du gut geschlafen?«, weckt mich Ines in bester Laune und voller Energie. »Komm aus dem Bett. Heute wollen wir doch noch mal Rad fahren, und ein gutes Frühstück als Grundlage wäre da durchaus angebracht, meinst du nicht?«

Schlaftrunken zwänge ich mich in meinen Pseudo-Raddress. Oh Shit, der sitzt ja noch enger als vor drei Tagen in Abu Dhabi. Mit halb zugekniffenen Augen betrachte ich mich absichtlich unscharf im Badspiegel. Es hilft nichts, die neuen Fettpölsterchen an der Hüfte sind nicht zu übersehen. Auch das etwas weitere T-Shirt kaschiert dies nur rudimentär.

»Heute soll es richtig warm werden, über dreißig Grad, haben sie gerade im ITV gebracht. Ich glaube, da ziehe ich mir nur ein Sonnentop an«, verkündet Ines. »Heute müssen wir uns bestimmt gut eincremen, sonst kommen wir völlig verbrannt zurück. Willst du wirklich dieses langärmelige T-Shirt tragen?« Ines schaut mich nicht gerade entzückt an.

»Mein Top ist verschwitzt.«

»Ich habe noch eins. Das mit den rosa Blümchen, das kannst du gerne haben.«

»Nein, lass mal, ist schon gut. Aber ich kann es ja vorsichtshalber einstecken, falls es doch zu heiß wird.«

An dieser Stelle ahne ich noch nicht, wie schnell ich dieses Teil brauchen werde, und zum Glück kann ich auch nicht sehen, dass das Top mich wie eine Presswurst einpacken wird.

Nach einem schnellen, aber dennoch ausgiebigen Frühstück mit ofenfrischen Croissants, die mal wieder unwiderstehlich duften und genauso schmecken, einem Rührei für den Extra-Energieschub, etwas Prosciutto und Parmaschinken, Müsli, frischen Ananas, Mangos und zwei kleinen frischen *Pancakes* zum Abschluss finden wir uns Punkt zehn Uhr dreißig in voller Radmontur mit weiteren achtzig Gästen, die Dubai mit dem Rad erkunden möchten, am Treffpunkt ein. Einige erkennen wir wieder, die waren schon bei der letzten Tour dabei. Die Sonne sticht schon jetzt heftig vom stahlblauen Himmel.

»Ines, ich gehe mich noch schnell umziehen. Du hattest Recht, mein Langarm-T-Shirt ist einfach zu warm. Ich stülpe mir dein Blümchentop über. Bin sofort wieder da.«

»Beeil dich! Es geht sicher gleich los.«

Fünf Minuten später erscheine ich als Presswurst wieder, und Ines kann sich bei meinem Anblick das Lachen nicht verkneifen.

»Hast du vielleicht ein wenig zugenommen?«

Ha, ha. Wie charmant. Diesbezüglich war meine Mutter schon immer sehr direkt.

»Du wirst das T-Shirt beim letzten Mal zu heiß gewaschen

haben«, kontere ich.

In diesem Moment ruft der Radguide: »Karina, Rad Nummer 27; Ines, Rad Nummer 28 – na, diesmal haben ja unsere Damen ein Rad bekommen!«

Oh nein! Nicht *der* schon wieder! Auf keinen Fall wollen wir wieder in seine Gruppe kommen. Und höchstwahrscheinlich ist auch er nicht sonderlich scharf auf uns.

Als alle ihre Räder haben, gruppieren wir uns um die Guides und werden in die entsprechenden Gruppen eingeteilt.

»Die kürzere Softtour stellt sich bitte hier links auf, die längere Tour hier rechts«, posaunt der Radguide.

»Für welche Tour hast du uns denn angemeldet?«, fragt Ines.

»Na, für die lange natürlich. Da hast du doch drauf bestanden, weißt du nicht mehr? Hoffentlich war das kein Fehler, bei dieser Hitze. Ich laufe ja jetzt schon aus.«

»Das sieht man an deinen Schweißrändern. Dein Deo hält wohl nicht ganz, was es verspricht.«

Am liebsten wäre ich im Erdboden versunken. Zum Glück kennt mich hier niemand.

Da ertönt wieder die Stimme des Radguides: »Also, die Softtour fahren heute Dennis und Philipp und die lange Tour Andreas und Marcello, der heute Nacht erst angereist ist und seine erste Tour fährt – also seid nett zu ihm!«

MARCELLO? Etwa *mein* Marcello? Mir stockt der Atem. Meine Knie schlabbern wie Kaugummi, und mein Herz rast, als hätten sich da drin tausende von Ameisen zu einem Wettlauf verabredet. Ich in diesem dämlichen rosa Presswurst-Shirt, mit Schweißrändern unter den Armen und mit hundertprozentiger Sicherheit übersät mit diesen verhassten roten Flecken auf Hals, Gesicht und Dekolleté – Hilfe, wie mache ich mich unsichtbar? Wie sehr habe ich mir gewünscht, meinen Adonis von der letzten Kreuzfahrt wiederzutreffen, ihn in den Armen zu halten und zärtlich von ihm berührt zu werden wie in jener Nacht auf den Kanarischen Inseln auf dem FKK-Deck … Tausendmal habe ich diese Traumnacht in meiner Erinnerung wiederholt, mir wieder und wieder den Augenblick ausgemalt, wenn Marcello vor mir stünde und Dubais Himmel voller Geigen hinge … Von Schweißrändern und hektischen Flecken stand da gar nichts im Drehbuch.

Was bilde ich mir denn eigentlich ein? Wahrscheinlich kann er sich überhaupt nicht mehr an mich erinnern. Schließlich ist unsere romantische Affäre schon ein ganzes Jahr her. Und im Gegensatz zu meinem spießigen Alltagsleben mit Ehemann und Kindern hatte er hunderte von Möglichkeiten zum Flirt.

»Karina, was ist mit dir? Warum hast du deine Stressflecken? Ist was nicht in Ordnung? Du sollst hier rüberkommen, wir wurden in die Gruppe mit diesem Marco eingeteilt.«

Ines' Stimme klingt, als wäre sie hoch über den Wolken abgeschickt worden.

»Nicht Marco. *Marcello*.«

»Dann eben Marcello, ist doch egal.«

»Nein, ist es nicht«, höre ich mich sagen.

Wie von Geisterhand gelenkt schiebe ich das Mountainbike in Richtung rechte Gruppe und halte dabei den Blick gesenkt.

Kaum erhebe ich mein Haupt, entdecke ich ihn. In vertraut charmanter Art stellt er die Räder der Gäste ein und kontrolliert, ob alles in Ordnung ist. Mein Gott! Er sieht ja noch tausendmal besser aus als in meiner verblassten Erinnerung! Seine perfekten Muskeln sind ein hinreißender Anblick, auch wenn seine Haut von der Sonne noch nicht so gebräunt ist wie damals. Er geht von Gast zu Gast, checkt die Satteleinstellung, die Lenkradhaltung, die Bremsen, den Sitz des Helms. Nur noch zwei Radler, dann bin ich dran. Ich bin hin und her gerissen zwischen der Hoffnung, nicht erkannt zu werden, und dem Wunsch, das Gegenteil möge eintreffen.

»Karina, schau doch mal. Da haben wir aber heute einen

hübschen Burschen zugeteilt bekommen.«

Kann sie denn nicht einfach mal ihr Plappermaul halten?

Marcello ist inzwischen bei Ines angelangt und kontrolliert ihr Rad. Nur noch knappe einhundert Zentimeter trennen mich von ihm. Shit! Wo ist denn hier der Notausgang?

»Hallo, ich bin Marcello.«

Beim Klang seiner Stimme mit diesem unwiderstehlichen Schweizer Akzent hätte ich versinken können.

»Hallo, ich bin Ines und freue mich auf die Radtour heute mit Ihnen.«

»Mit *dir*. Wir duzen uns alle auf der Fahrt. Ines, dein Sattel ist etwas zu hoch eingestellt, ich mache ihn etwas niedriger, falls es dir recht ist.«

»Oh, ich bin das so gewohnt. Zu Hause fahre ich auch viel Rad und ich komme mit meinen Füßen ohne abzusteigen auch nicht auf den Boden. Das ist schon okay so.«

»Das ist aber ein Mountainbike und kein Tourenrad. Bist du so etwas schon mal gefahren?«

»Oh ja«, flunkert Ines. Dabei hat sie bei der letzten Tour ein Rad mit Rücktritt und kein sportliches Mountainbike gefahren. Aber offensichtlich will sie sich vor diesem attraktiven Jüngling keine Blöße geben.

»Also, ich schlage vor, wir lassen den Sattel jetzt so, und wenn es dir später doch zu unbequem wird, können wir ihn ja jederzeit verändern. Okay?«

»Okay. Danke, Marco.«

»Marcello. Ich heiße Marcello.«

»Ach, entschuldige, das hat mir ja Karina auch schon gesagt.«

PENG! Feuer frei! Ich fühle mich wie auf einer Showbühne, umringt von Tausenden von gaffenden Zuschauern, die mich ausbuhen. Jetzt bin ich an der Reihe. Marcello steht nur noch wenige Zentimeter von mir entfernt. Die Luft scheint zu stocken. Unsere Blicke treffen sich. Diese Augen! Was hätte ich dafür gegeben, seine Gedanken lesen zu können. Wie versteinert stehen wir beide da, während es in seinem Gehirn wie in einem Computer zu arbeiten scheint. Ob er mich erkannt hat? Eine Mittvierzigerin, mit der er nur eine Nacht verbracht hat, in der nicht einmal richtig etwas lief? Warum, um Himmels willen, sollte er sich daran noch erinnern?

Am liebsten wäre ich in seinen smaragdgrünen Augen versunken und nie wieder aufgetaucht.

Wir stehen gefühlte drei Stunden reglos voreinander, als er unvermittelt das Schweigen durchbricht.

»Hallo, ich bin Marcello. Irgendwie kommst du mir unglaublich bekannt vor.«

Ich komme ihm *unglaublich bekannt* vor? Hallo? Soll ich mich jetzt darüber freuen?

»Hey. Ich weiß nicht, ob du dich noch an mich erinnerst. Wir hatten uns auf den Kanarischen Inseln kennengelernt«, höre ich mich sagen, erstaunlicherweise ohne zu stottern.

»Ja … ich erinnere mich ganz verschwommen. Inzwischen ist so viel passiert. Schön, dass du heute dabei bist, wir haben während der Tour sicher noch Gelegenheit, etwas mehr zu quatschen. Jetzt müssen wir aber los, sonst holen wir die andere Gruppe nie mehr ein. Dein Rad ist übrigens perfekt eingestellt. Da haben die Jungs gute Arbeit geleistet.«

Wie ein begossener Pudel stehe ich da. Natürlich ist bei ihm *inzwischen so viel passiert.* Natürlich war ich nur ein ganz klitzekleines Teilchen in seinem Puzzle. Natürlich konnte ich keine andere Reaktion erwarten.

Das sind die Worte meines Gehirns, mein Herz hingegen erzählt eine ganz andere Version.

Inzwischen ist Marcello an die Spitze der zwanzigköpfigen Radtruppe getreten, gibt noch die üblichen Tipps und Verhaltensregeln, dann setzt sich der Tross in Bewegung. Wir haben uns im Mittelfeld eingruppiert. Wie gerne wäre ich an zweiter Stelle gefahren, um näher bei Marcello zu sein. Die

Straße am Hafen ist breit genug, sodass Ines und ich kurze Zeit nebeneinander fahren können, was sie sofort ausnutzt. In Gefühlsdingen ist sie sehr sensitiv und hat Antennen, die bis ins Weltall zu reichen scheinen.

»Sag mal, Karina, was war das denn eben mit diesem Marcello? Da ist doch was im Busch!«

»Ach Quatsch, Mama!«

»Hör mal. Ich habe doch Augen im Kopf. Wie ihr euch angesehen habt. Als wäre es ein Déjà-vu-Erlebnis!«

»Ach ja?«, versuche ich belanglos zu klingen.

»Ach *ja*«, echot Ines mit Nachdruck und mustert meine roten Flecken. Listig fügt sie hinzu: »Mich kannst du nicht täuschen.«

»Lass mich mit deinen Geschichten in Ruhe, Mama. Da gibt es nichts.«

Mein Ton war schärfer, als ich wollte. Aber was geht es sie auch an?

Beleidigt düst sie ab und überholt mehrere Radler, um etwas auf Distanz zu gehen.

Bei guten dreißig Grad radeln wir die *Corniche* entlang, mit sagenhaften Ausblicken auf die Skyline der Megastadt Dubai. Rechts der breite, feine Sandstrand, links von hohen Mauern abgeschirmte Villen, die keinen Einblick in die Privatbereiche der Reichen zulassen. Am *Burj Al Arab*, dem Sieben-Sterne-Luxushotel in Form eines Segels, machen wir den ersten Stopp. Die Hitze brutzelt auf uns nieder und alle hängen an der mitgebrachten Wasserflasche mit dem *Aida*-Aufdruck wie Säuglinge an der Brust ihrer Mütter.

Marcello stellt sich auf den kleinen Mauervorsprung und erzählt über den Bau dieses einmaligen Hotels. Ich lausche weniger seinen Worten als der Melodie seiner Stimme. Wie jung er ist! Wie attraktiv! Wie charmant seine Stimme klingt! Unglaublich, dass er mich mal hat verführen wollen, dass diese Hände, die da so ausdrucksvoll gestikulieren, einmal ganz zärtlich meinen Körper berührt haben. Natürlich muss ich versuchen, ihn an jene Nacht zu erinnern, und hoffentlich ergibt sich da heute noch eine Gelegenheit, schließlich ist dies unser letzter Tag an Bord.

Das *Burj Al Arab* kann natürlich nicht einfach so besichtigt werden. Nur mit Anmeldung und Tischreservierung erhält man Zugang. Ausgeschlossen, in unserem Radlerdress. An der Auffahrt zur hoteleigenen Brücke werden wir von den Securities gestoppt. Nur ein kurzes Foto, dann muss der Weg wieder frei geräumt werden für all die Rolls Royce und Bentleys und sonstigen Luxuskarossen. Staunend und ehrfurchtsvoll positionieren wir uns zum Fotoshooting mit der gesamten Truppe – ein witziges Foto, das später zu Hause unser Büro schmücken wird.

Unser nächster, nicht minder spektakulärer Stopp ist das *Madinat Jumeirah*, ein ganzer Hotelkomplex mit eigenen Kanälen und Booten, dem Vorbild Venedigs nachempfunden, aber im Stil des Orients. Überall stehen megagroße Tannenbäume, überkitschig verziert mit pinkfarbenen, glitzernden Kugeln. Nicht der Glaube steht hier im Vordergrund, vermutlich weiß keiner, was Weihnachten eigentlich bedeutet. Aber die verzierten künstlichen Bäume sehen einfach schön aus, und der weiß aufgesprühte Kunstschnee ist ein wahrer Besuchermagnet für die Araber. Schließlich haben die Wenigsten von ihnen jemals echten Schnee gesehen, höchstens im *Skidome* in Dubai, aber noch nie in natura. Umfragen zufolge ist dies einer der größten Kinderträume der arabischen Hemisphäre: einmal im Schnee zu stapfen und es schneien zu sehen. Kein Wunder, dass man davon träumt, wenn man in einem Land lebt, in dem an dreihundertfünfzig Tagen die Sonne scheint und in dem die zehn Regentage im Jahr ein wahres Highlight darstellen.

Also, gegen ein wenig kühlen Sommerregen hätte unsere gesamte Radlertruppe im Moment wohl nichts einzuwenden.

Bei Weitem bin ich nicht mehr die Einzige mit Schweißflecken unterm Arm. Die meisten flüchten beim Stopp in die heruntergekühlten Räume, so auch Ines und ich. Wir gönnen uns einen eiskalten Milkshake, der beim Schlucken wie ein Feuerlöscher zischt. Marcello muss noch etwas erledigen und radelt los, während wir eine halbe Stunde Verschnaufpause haben und uns dieses schöne *Madinat* anschauen können. Wie gerne wäre ich mit Marcello hier romantisch Hand in Hand entlanggeschlendert – alleine, ohne all die anderen, und vor allem ohne Ines, die mich beschattet wie ein Schwerverbrecher. Um ihrem Kreuzverhör auszuweichen, geselle ich mich zu einer Vierergruppe netter Mitradler.

»Schade, dass das schon unser letzter Tag ist, ich könnte glatt verlängern.«

»Wir auch. Aber morgen geht es wieder ins eiskalte Deutschland zurück. Schon verrückt! Hier meiden wir bereits nach zwei Stunden Radeln die Sonne, und morgen gäben wir weiß Gott was dafür, wenn wir sie nur für wenige Minuten sehen würden.« Wir erfahren, dass die vier zusammen reisen und Nachbarn aus Münster sind.

Ines kann es sich nicht verkneifen und prahlt: »Na, dann schicken wir euch eben noch ein paar Sonnenstrahlen. Wir bleiben nämlich noch einige Tage in Dubai.«

»Oh Neid! Wenn wir gewusst hätten, wie das alles so abläuft hier, wären wir noch einige Tage geblieben. Beim nächsten Mal verlängern wir auch.«

Dass sie immer gleich so angeben muss! Das macht sie nur, um mir eins auszuwischen, denn eigentlich ist das überhaupt nicht ihre Art.

Viel zu schnell vergeht die kurze Pause und die Sonne prallt nun noch unbarmherziger auf uns herab als zuvor. Marcello ist inzwischen wieder aufgetaucht und behütet die Räder wie seine eigenen Schätze, genau wie damals auf Gran Canaria, bevor er mich sanft hinter die Palmen schob und mich an Stellen berührte, die mir noch heute einen roten Kopf bescheren.

»Aufi geht's!«, ruft mein Adonis. »Wir wollen uns noch den *Burj Dubai*, das höchste Gebäude der Welt, aus der Nähe betrachten.«

Weiter geht es durch unzählige Gassen, über Kreuzungen, Straßen, Pfade und kleine Wege, bis der *Burj* direkt vor unseren Augen auftaucht, filigran und gigantisch hoch. »Er wird wegen seiner Bauweise auch Bleistift genannt, da er sich nach oben immer weiter verjüngt«, erklärt uns Marcello. »Es ist Dubais neuestes Vorzeigeobjekt. Die genaue Höhe wird noch immer geheim gehalten, damit man im Notfall schnell noch eine Etage oder Antenne draufsetzen kann, um ja den Weltrekord zu halten. Denn die Konkurrenz schläft nicht. Im Turm selbst sollen sich Wohnappartements, Hotelzimmer und Businessräume den Platz teilen. Man sagt, dass bereits alle Stockwerke verkauft seien; ob dies nur Spekulation ist, weiß keiner so genau.«

Der Blick nach oben führt ins schier Unendliche. Der Kopf liegt komplett im Nacken, so hoch schraubt sich die Spitze des Turms in den Himmel hinauf.

»Hier wurden die schnellsten Fahrstühle der Welt eingebaut. In nur fünfundvierzig Sekunden ist man ganz oben. Weiß jemand von euch, wie viele Stockwerke der Bau haben soll?«

Natürlich weiß das niemand aus der Gruppe, und selbst Marcello, der über weitaus aktuellere Quellen verfügt als wir, kann keine genaue Angabe machen. »Aber eins ist ganz sicher, sobald der Turm fertig ist, werde ich mir das aus der Nähe betrachten und mit dem Aufzug in die letzte Etage hinauffahren, falls das erlaubt ist. So einen gigantischen Ausblick vom höchsten Turm der Welt muss man erleben. Angeblich gibt es starke Temperaturunterschiede zwischen oben und unten, und des Öfteren werden die oberen Etagen in den Wolken verschwinden. Das muss Wahnsinn sein! Wer kommt mit?«

Am liebsten hätte ich ganz laut »Ich!« geschrien. Trotz meiner Höhenangst und meiner Abneigung gegen Fahrstühle wäre ich ihm bis in den Himmel gefolgt. Doch anstatt einen Laut von mir zu geben, starre ich ihn nur verträumt an ...

Plötzlich schwenkt Marcello seinen Kopf in meine Richtung und blickt mir direkt in die Augen. Um uns herum bleibt die Zeit stehen. Mein Puls schlägt Alarm und die roten Blutkörperchen vollführen Kapriolen. Trotz der Entfernung von bestimmt fünf Metern bilde ich mir ein, seinen Herzschlag zu spüren. Seine grünen Augen funkeln wie Smaragde und scheinen in diesem Augenblick nur mir zu gehören. Was geht in seinem Kopf vor? Kann er sich erinnern? War ich nur ein One-Night-Stand oder schreit das alles nach Wiederholung?

Jäh werden wir ins Hier und Jetzt zurückgebeamt, als einer der Mitradler einwirft: »Im nächsten Jahr werde ich wieder in Dubai sein. Da können wir uns gerne in der obersten Etage verabreden, okay?«

Marcello stammelt irgendetwas vor sich hin. Ein letztes Fotoshooting mit der Gruppe vor dem *Burj Dubai*, dann treten wir den Rückweg an. Marcello muss an der Spitze fahren und ich reihe mich in der Mitte ein, sodass wir keine Gelegenheit mehr haben, tiefe Blicke auszutauschen.

Auf dem Rückweg, der uns entlang der *Corniche* durch die schönen grünen Zonen von Dubai führt, legen wir einen letzten Stopp im Einkaufszentrum ein. Man hat sich hier von Italien inspirieren lassen und eine künstliche mediterrane Welt geschaffen. Im Gegensatz zu den ganz neuen Malls pulsiert hier das Leben, und statt Luxusdesign, das sich auch in Dubai nur wenige leisten können, wird hier Ware zu fairen Preisen ausgestellt. Unsere Rucksackgruppe in Radlerhosen und schweißgetränkten T-Shirts, mit Helmen und Sonnenbrillen ausgestattet, bildet einen echten Kontrast zu den herausgeputzten und gestylten Arabern mit ihren zum Teil blütenweißen Gewändern. Wir werden von ihnen begutachtet wie

Außerirdische; selbst die Frauen wagen einen verschmitzten Blick auf unser eigenartiges Outfit.

Dann geht es zurück zum Hafen. Die enorme Kraft der Sonne hat zum Glück inzwischen etwas nachgelassen und einem angenehm kühlen Fahrtwind das Feld überlassen. Schon von Weitem sehen wir unser Traumschiff, und diesmal ist es ein wehmütiger Anblick, müssen wir es doch schon morgen verlassen. Die Woche war so intensiv, so abwechslungsreich und voller Eindrücke und Erlebnisse, dass wir das Gefühl haben, wesentlich länger unterwegs gewesen zu sein. Für die Daheimgebliebenen ist die Zeit bestimmt wie im Fluge vergangen, für uns hingegen war sie sehr intensiv.

Mit Polizeieskorte geht es dann durch den letzten Abschnitt, den bewachten Hafen bis direkt zum Schiff. Neben uns liegt die *Queen Elizabeth*, die hier ihre letzte Ruhestätte finden soll. Mit großem technischen Aufwand soll sie zum Restaurantschiff umgebaut werden und vor der *Palme Jumeirah* ankern. Neben der großen *Aida* wirkt sie fast wie ein Spielzeugschiff, aber sehr elegant und weise.

»Es war super! Vielen Dank«, sagt der Düsseldorfer. »Aber jetzt muss ich erst mal ganz dringend stretchen, sonst bekomme ich einen dermaßen starken Muskelkater … Und mein Hintern benötigt eine sanfte Massage. Wie lange war denn eigentlich die Tour heute?«

Marcello drückt etliche Knöpfe an seinem Computer am Handgelenk und verkündet freudestrahlend: »Heute haben wir alles getoppt. Wir waren achtundfünfzig Kilometer unterwegs. Hut ab. Ihr habt alle super durchgehalten, und das bei diesen Temperaturen! Morgen auf dem Rückflug könnt ihr euch ja ausruhen, und euer Muskelkater wird euch noch einige Tage an dieses schöne Erlebnis erinnern. Es war klasse mit euch. Gebt jetzt bitte alle nacheinander die Räder bei mir ab, leert die Rucksäcke und legt die Helme auf den Stapel. Danke, und noch einen letzten schönen Abend an Bord!«

Lautes Beifallklatschen setzt ein, aber »Zugabe« schreien auch die Sportler nicht mehr. Ines sieht allerdings nicht annähernd so fertig aus wie ich.

»Mama, geh du doch schon mal duschen, ich komme gleich nach.«

Irgendwie muss ich sie jetzt loswerden.

»Ich weiß, dass du noch ein wenig Zeit brauchst.«

Ach, diese Mütter! Vor ihnen ist nichts, aber auch wirklich gar nichts zu verbergen. Erstaunlicherweise folgt keine weitere Bemerkung, und sie bewegt sich schnurstracks mit all den anderen in den Bauch des Giganten.

Ich warte, bis ich als Letzte das Rad abgeben kann. Auch wenn Marcello mich nicht bemerkt, da er so mit den Pedalen beschäftigt ist, berühren sich für den Bruchteil einer Sekunde unsere Hände am Lenker. Er blickt auf und steht nun wenige Zentimeter vor mir. Wie sehr habe ich mir diesen Moment herbeigesehnt – wenn auch, verdammt noch mal, nicht in solch einem Aufzug. Zumal ich kein Wort herausbringe und mein gesamter Körper wie gelähmt ist.

Um die peinliche Situation zu retten, sage ich wie beiläufig: »War schön heute.«

Wie dämlich ist das denn! Marcello scheint mich zu mustern, ohne eine einzige Regung. Wieder mal gäbe ich einiges dafür, seine Gedanken lesen zu können. Damals auf Gran Canaria funktionierte alles nonverbal und wir waren uns so nah, obwohl wir uns gar nicht kannten.

Wie angewurzelt stehen wir beide da, nur getrennt durch das Mountainbike zwischen uns, das noch darauf wartet, in die Reihe gestellt zu werden. Marcello scheint gedanklich das letzte Jahr aufzuarbeiten, seine Stirn legt sich kurz in Falten.

»Hey, sorry, hilf mir mal auf die Sprünge. Ich weiß, dass wir uns schon mal begegnet sind, und das war auch intensiv, das spüre ich, aber ich kann mich einfach nicht mehr daran erinnern«, unterbricht er endlich das Schweigen.

Bum! Das hat gesessen. Wahrscheinlich hatte er im vergangenen Jahr mehr Affären als George Clooney.

»Ja klar«, zwitschere ich betont munter, »wir trafen uns letztes Jahr auf der Kanaren-Tour und haben uns mehr oder weniger in Dubai verabredet.«

»Ja, ja, ich weiß jetzt. Du warst mit deinem Mann da und deinen Kindern, stimmt's?«

»Ja. Richtig.«

»... und ihr hattet so ein Abkommen für eine Nacht.«

»Na ja, ein Abkommen war das nicht gerade.«

»Doch. Dein Mann durfte sich mit einer Dame vergnügen und du dich mit mir. Hey. So was habe ich nie mehr erlebt. Na klar. Du warst das! Waren wir nicht auf dem FKK-Deck?«, fragt Marcello, und so langsam funkeln seine grünen Augen wieder wie damals.

Mein Herz überschlägt sich fast vor Freude, doch nicht ganz in Vergessenheit geraten zu sein.

»Weißt du, im Gegensatz zu dir kann ich mich an jedes Detail unserer Begegnung erinnern. Und du hattest mir ganz schön den Kopf verdreht.«

»Oh, das schmeichelt mir jetzt aber. Zu meiner Entschuldigung muss ich aber sagen, dass bei so einem Job halt so einiges passiert. Ständig ist man woanders unterwegs und permanent lernt man neue Menschen kennen und –«

»... und Frauen«, unterbreche ich ihn.

»Ja, natürlich auch Frauen. Aber nicht gleich so, wie du dir das jetzt denkst«, erwidert er mit einem bezaubernden Lächeln, während er endlich das Mountainbike entgegennimmt und es zu den anderen stellt. Dann beginnt er die Rucksäcke einzusammeln.

»Kann ich dir helfen?«

»Wenn es dir nichts ausmacht, kannst du die Helme einsammeln. Wir müssten die Sachen schon längst zurückgebracht haben.«

Statt in seinen muskulösen Armen zu versinken, schleppe ich nun wie ein Packesel Radhelme. Einzig der Trost bleibt, ihm folgen zu dürfen, und wenn es nur auf die Bikerstation ist. Dort angekommen, verschwindet er im Lager, um kurze Zeit später die Helme entgegenzunehmen.

»Danke. Das war echt nett von dir. Ich bin heute ebenfalls total k. o. Das war mein erster Einsatz.«

»Ich weiß. Ich hatte mich ja schon bei deinem Kollegen nach dir erkundigt. Aber das Schicksal wollte wohl nicht, dass wir uns früher begegnen. Wir werden morgen von Bord gehen.«

»Das ist aber schade. Dein Mann ist aber heute nicht mitgeradelt. Das war dem wahrscheinlich zu *easy*.«

»Oh nein. Mein Mann ist gar nicht dabei.«

»Sag bloß, ihr habt euch getrennt.«

Ich verneine und erkläre ihm, dass ich mit meiner Mutter unterwegs bin.

»Ich habe noch eine Menge zu tun, aber wenn du Lust hast, können wir uns ja später noch auf einen Drink treffen.«

Natürlich habe ich Lust!

»Sagen wir, so um zweiundzwanzig Uhr, oben in der *Anytime*-Bar auf Deck zwölf?«

Wow, ich werde da sein! Und diesmal gestylt! Leicht wie eine Feder schwebe ich zurück in unsere Kabine, wo mir Ines schon entgegenstrahlt, frisch geduscht und gut duftend.

»Na? Was läuft denn da mit dir und diesem attraktiven Radlerjungen?«

»Nichts«, antworte ich schnippisch. »Lass mich in Ruhe damit.«

Die einzige Sehnsucht gilt nun dem Unterfangen, endlich aus diesen miefigen Kleidern heraus und unter die Dusche zu kommen.

»Sorry, Mama, war nicht so gemeint. Lass mich einfach duschen, dann kann ich dir beim Abendessen alles erzählen.«

»Na gut. Aber die Wahrheit will ich hören, und zwar alles, sonst brauchst du erst gar nicht anzufangen.«

Eine geschlagene Stunde später fühle ich mich um Welten besser: frisch geduscht, mit meinem Lieblingsparfum eingesprüht und in meiner schwarzen Langbluse mit der weißen Leinenhose, die der Figur schmeichelt.

»Aha. Hat die Dame heute Abend etwa noch etwas vor? Du hast dich ja richtig rausgeputzt. Schön! Das solltest du viel öfter machen, auch für Florian. Männer sehen so was. Komm, jetzt lass uns aber essen gehen. Mein Magen hängt schon in der Kniekehle.«

Wo sie Recht hat, hat sie Recht. Aber zu Hause fühle ich mich in meinem ausgeleierten Jogginganzug einfach am wohlsten.

Für den letzten Abend an Bord haben wir einen Zweier-Tisch im exklusiven *Rossini*-Restaurant reserviert, gegen einen bescheidenen Aufpreis. Am stilvoll eingedeckten Tisch werden wir bestens umsorgt. Kein Schlangestehen am Buffet, auch keine neuen Tischnachbarn, nur einfach mal herrliche Ruhe beim Speisen eines gediegenen Fünf-Gänge-Menüs.

»Jetzt erzähl schon, Karina. Du weißt, ich kann es nicht leiden, wenn du mich so auf die Folter spannst.«

Also erzähle ich ihr von meiner Begegnung mit Marcello, bis auf einige Details, die nun wirklich nicht für die Ohren der eigenen Mutter bestimmt sind.

»Aha! Ich habe gleich gespürt, dass da was zwischen euch funkt.«

»Na ja, *funken* ist etwas anderes. Er hat sich ja nicht einmal an mich erinnert.«

»Doch, hat er. Aber Kind, sei bloß nicht unvernünftig und setze deine Ehe aufs Spiel. So einen tollen Mann wie deinen Florian gibt es nicht alle Tage.«

Ines fand schon vom ersten Treffen an, Florian sei der geeignete Schwiegersohn, im Gegensatz zu all seinen Vorgängern. Ob Mütter dafür einen siebten Sinn haben? Und ob ich ebenfalls diese mütterliche Intuition besitze, wenn es darum geht, meiner eigenen Tochter den richtigen Ehemann in spe aus dem Pool der Nieten zu fischen?

»Keine Sorge, Mutter. Ich bin alt genug und weiß, was ich tue. Übrigens habe ich mich mit ihm um zweiundzwanzig Uhr auf einen Drink verabredet. Willst du mitkommen?«

Ines ist sensibel genug, das abzulehnen; sie wolle den letzten Abend an Bord noch durch den Bordshop schlendern und für die Enkel ein paar Souvenirs ergattern. Von Parfum über Markenkleider bis hin zur eigenen *Aida*-Kollektion ist dort alles zu finden. »Außerdem bin ich ziemlich müde von unserer Radtour. Die Wärme hat mir ganz schön zugesetzt.«

»Aber du hast das super gemacht. Sei stolz auf dich!«

Unsere Desserts kommen, und schweigend löffeln wir uns durch den letzten Gang unseres Menüs. Der Blick aus dem *Rossini*-Restaurant auf das beleuchtete Dubai ist grandios. Irrwitzig ragen die Giganten aus der Wüstensteppe in den Himmel, angestrahlt von Millionen Scheinwerfern.

»Ich wünsche dir noch einen schönen Abend mit deinem Marcello … und bleib standhaft wie beim letzten Mal!«

»Keine Sorge!«

Mit diesen Worten und einem Gutenachtkuss auf der Wange verabschieden wir uns, bevor ich mit pochendem Herzen ein Deck höher laufe, meinem Date entgegen.

Viele Gäste tummeln sich an der Bar, doch von Marcello ist weit und breit nichts zu sehen. Vielleicht ist es auch besser so, wer weiß, wie schwach ich doch noch geworden wäre. Etwas frustriert gönne ich mir zum Trotz einen *Caipirinha*, der hier ganz besonders lecker mundet, und wandere mit dem Drink nach draußen an die Reling. Dieses unbeschreibliche Freiheitsgefühl, in der Höhe eines Penthouse zu stehen, umgeben von Wasser und dem Lichtermeer einer Millionenstadt! Tränen der Dankbarkeit für solche Momente im Leben treten mir in die Augen, als plötzlich ein starker Arm meine Hüfte umfasst.

»Hallo, Karina. Sorry, dass ich mich verspätet habe, aber es war einfach so viel zu tun. Habe ich mir doch gedacht, dass ich dich hier draußen finde.«

Ich hätte losheulen können vor Rührung. Er ist tatsächlich gekommen!

»Was möchtest du trinken?«, frage ich ihn mit funkelnden Augen.

»Einen *Caipi*. Der passt hervorragend.«

Wenige Minuten später stehe ich neben ihm an der Reling, die Musik der *Anytime*-Bar schallt bis nach draußen, und wir erzählen, als hätte es nie einen Tag der Trennung gegeben. Natürlich war sein Jahr ungleich interessanter als das meine. Er hat viele Touren begleitet, übers Mittelmeer zu den Kanaren, und nach zwei Monaten Urlaub in Neuseeland ist er gerade zu seinem neuen Einsatz »Arabien« zurückgekehrt.

»Weißt du, ewig werde ich das mit der *Aida* nicht machen können. Dazu ist das einfach zu anstrengend. Aber es macht noch total Spaß und ich freue mich jetzt auf diese Tour und den viermonatigen Einsatz hier. Danach gehe ich wahrscheinlich wieder nach Neuseeland. Ich habe dort jemanden kennengelernt und könnte mir gut vorstellen, in diesem Land mal eine Weile zu leben und zu arbeiten. Und du? Wie sind deine Pläne?«

Meine Pläne? Hat man als Familienmanagerin mit einem kleinen Journalistenjob überhaupt eigene Pläne?

»Ach, weißt du, erst mal müssen die Kinder selbstständig werden, danach kann man anfangen, Pläne zu schmieden.«

Trotz all unserer Unterschiedlichkeit fühlen wir uns sehr nah und verbunden. Es ist herrlich, seinem Schweizer Dialekt zu lauschen, während er aus seinem abenteuerlichen Leben erzählt, dessen unkonventionelle Denkweise ein wohltuendes Kontrastprogramm zu den eingefahrenen Provinzstrukturen meiner Heimat abgibt. An seiner Seite fühle ich mich gleich um zwanzig Jahre jünger, so beschwingt und frei.

»Es ist wirklich sehr schön, dich wiederzusehen, und verzeih, dass ich dich nicht gleich erkannt habe.« Und mit einem hinreißenden Lächeln, das seine schneeweißen Zähne entblößt, fügt er hinzu: »Was mir ein Rätsel ist. So eine Frau wie dich vergisst man nicht so schnell.«

Oh, das geht runter wie Butter! Wir lachen und plaudern, schäkern und flirten auch ein wenig, bis in die tiefe Nacht hinein. Die Bar leert sich allmählich, und ein Blick auf die Uhr verrät, dass es höchste Zeit ist, das Bett aufzusuchen. Schließlich muss Marcello morgen wieder arbeiten und wir müssen die Kabinen schon um neun Uhr räumen. Die nächste Tour ist nämlich ebenfalls ausgebucht. Wir verabschieden uns mit einer sehr innigen Umarmung und einem dicken Kuss auf die Wange.

»Schade, dass wir uns so spät getroffen haben. Aber man sieht sich im Leben immer dreimal. Vielleicht kommst du ja mal nach Neuseeland, wer weiß?«

»Neuseeland ist auch für mich eine der schönsten Inseln der Welt.«

»Ach ja, du hattest mir ja erzählt, dass du schon dort warst.«

Ein letzter Kuss, eine letzte Umarmung. Auf dem Weg zurück zur Kabine scheinen mir Flügel gewachsen zu sein. Todmüde und gleichzeitig völlig aufgekratzt sinke ich ins Bett.

Jäh und schrill und unbarmherzig früh klingelt der Wecker. Acht Uhr, und schon ertönt es über die Kabinenlautsprecher: »Wir bitten alle Passagiere, die Kabinen bis neun Uhr zu räumen. Nur Gäste mit *Aida*-Arrangement dürfen so lange an Bord bleiben, bis sie zum Flughafen transferiert werden.«

Erst jetzt realisieren wir, dass die Reise zu Ende ist. Na ja, noch nicht ganz, schließlich werden wir noch einige Tage in Dubai verweilen, aber »unser« Schiff müssen wir nun verlassen. Natürlich hat Ines noch gestern Nacht ihre Koffer fein säuberlich gepackt, während ich die kostbaren Minuten der Nacht lieber mit meinem Adonis verbrachte als mit Kofferpacken. Zur Strafe muss mein letztes Frühstück an Bord kürzer ausfallen, damit das ganze Desaster in der Kabine rechtzeitig beseitigt werden kann, denn schon warten die neuen Gäste auf ihr Wohn- und Schlafgemach.

Nach einer knappen halben Stunde ist schließlich alles verpackt und die Koffer stehen zur Abreise bereit. Mit großer Wehmut verabschieden wir uns von diesem herrlichen Schiff und den vielen Mitreisenden. Marcello hat mir bereits letzte Nacht klar gemacht, dass heute ein stressiger Tag für ihn wird, weshalb wir uns höchstwahrscheinlich nicht mehr sehen werden. Ein letzter Blick von der Reling auf das weite Meer, das Sonnendeck und die Megastadt Dubai mit dem *Burj Al Arab* im Hintergrund. Gerührt und voller Emotionen liegen Ines und ich uns in den Armen – aus lauter Dankbarkeit für diese so schöne und informative Reise. Was hätten wir alles verpasst, wenn wir zu Hause geblieben wären!

Der letzte Weg über die Gangway hinaus aufs Festland. »Auf Wiedersehen, wir hoffen, Sie hatten einen schönen Aufenthalt bei uns an Bord«, ruft uns ein Animateur zu.

»Oh ja, es war sehr beeindruckend! Und vielen Dank für alles! Ohne Sie Mainzelmännchen würde das alles wohl nicht funktionieren. Auch Ihnen noch eine schöne Reise.« Den Worten meiner Mutter habe ich nichts hinzuzufügen.

Wie gerne hätte ich Marcello noch einmal gesehen! Doch der Blick zurück auf das gigantische Schiff hinterlässt nur noch mehr Wehmut.

Mit einem Taxi lassen wir uns entlang der *Corniche* zu unserem Hotel fahren und können noch immer nicht den Blick von dieser *Aida* lassen.

»You like it. I can see it in your eyes!«, flüstert der Taxifahrer verständnisvoll. Nach einer zirka zwanzigminütigen Fahrt er-

reichen wir unser neues Domizil für die nächsten vier Tage.

»Willkommen im *Royal Meridien Beach Club Hotel*.«
Wir werden in diesem Fünf-Sterne-Hotel äußerst freundlich empfangen und herumgeführt. Der Garten ist umwerfend, ebenso der große Pool und der breite Sandstrand, an dem wir Kilometer zurücklegen werden …

Wir beziehen unser neues Zimmer im Turm, das, verglichen mit der Schiffskabine der vergangenen Woche, einer Königssuite ähnelt. Sehr geschmackvoll eingerichtet, mit allen technischen Raffinessen ausgestattet und einem Traumblick auf das Meer und die vor uns liegende *Jumeirahpalme*, die wir natürlich auch noch besichtigen möchten.

Fürs Erste genügt uns eine Liege am Pool, schön im Schatten unter Palmen und auf grünem Rasen. In Gedanken lassen wir die Erlebnisse der vergangenen Tage noch einmal Revue passieren. Jetzt wollen wir nur noch entspannen, das Baden, den langen Sandstrand und das angenehme Wetter genießen, bevor es wieder zurück ins kalte, winterliche Deutschland geht.

Nach zwei Ruhetagen lockt wieder die aufregende Stadt. Mit einem Taxi lassen wir uns auf die fast fertig gestellte *Palme Jumeirah* fahren. Ist schon mehr als verrückt, dieses ganze künstliche Projekt, das kurzerhand ins Meer gebuddelt wurde – eines der wenigen Bauwerke, das vom Weltall aus zu erkennen ist. Das wohl größte Aushängeschild ist das *Hotel Atlantis*, dessen Pendant sich auf den Bahamas befindet, mit einem der gigantischsten Aquarien der Welt. Durch die Wirtschaftskrise steht jedoch ein Teil des Hotels leer, sehr zum Leidwesen der Hoteldirektoren. Bisher hatte die Hotelerie in Dubai eine Auslastung von zirka achtzig Prozent, eine Zahl, die in Deutschland undenkbar wäre. Umso mehr schocken dann natürlich leer stehende Hotelzimmer. Unserem Führer zufolge ist die Palmeninsel als Wohninsel der Reichen komplett ausverkauft. Die eng, aber schön gebauten Villen liegen alle am Wasser und besitzen einen eigenen Bootsanleger sowie einen Minigarten. Auch hier, wird gemunkelt, seien die Preise im letzten Jahr in den Keller gefallen. Selbst die einheimischen Zeitungen berichten von der Krise, die nun auch das reiche Dubai erreicht habe. Etliche Bauprojekte wurden bereits gestoppt oder terminlich verschoben wie beispielsweise der Bau der neuen *Palme Deira*, die mehr als doppelt so groß werden sollte wie *Jumeirah*.

Braun gebrannt, voller arabischer Eindrücke und mit übervollen Herzen heben wir mit der *Condor*-Maschine bei traumhaften achtundzwanzig Grad in Dubai ab. Knappe sieben Stunden später werden wir in Deutschland von acht Grad minus und leichtem Schneefall empfangen.

Ines und ich sehen einander nur wortlos in die Augen, und unser Entschluss steht jetzt schon fest: Das war ganz bestimmt nicht unsere letzte *Aida*-Reise! Wohin sie uns führen wird, steht noch in den Sternen, aber eins ist sicher: Es geht in ein warmes Land!

»Ich bin fürs Mittelmeer, da kann ich auch deinen Vater für begeistern«, murmelt Ines, als wir die Gangway hinter uns lassen.

»Und ich möchte in die Karibik. Wenn schon, denn schon!«

Man soll eben nie aufhören zu träumen.

ENDE

Infoteil

Wenn Sie weitere Informationen über eine *Aida*-Kreuzfahrt wünschen – Termine, Routen, aktuelle Preise, Sonderangebote und vieles mehr –, dann können Sie sich gerne wenden an:

www.happysun-reisen.de

Ihr *AIDA*-Spezialist

Steckbrief der Baureihe AIDA Diva (2007), AIDA Bella (2008) und AIDA Luna (2009)

Alle drei Schiffe wurden bei der Meyer Werft GmbH, Papenburg, in Auftrag gegeben und sind baugleich.

Schiffslänge:	252 Meter
Schiffsbreite:	32,2 Meter
Tiefgang:	7,3 Meter

Technische Daten

Antrieb:	Diesel elektrisch
Antriebsleistung:	24.800 kW
Geschwindigkeit:	20 Knoten

Kabinen und öffentliche Bereiche

Passagierkabinen:	1.025
Restaurants:	7
Restaurantfläche:	3.985 qm
Bars:	11
Fläche Sonnendecks:	6.400 qm
Besatzungsstärke:	607

Vereinigte Arabische Emirate (VAE)

Dieser Zusammenschluss wurde Ende 1971 gegründet. Ihm gehören folgende Emirate an: Abu Dhabi, Dubai, Sharjah, Ajman, Umm-Al-Qaiwan, Fujairah und seit 1972 auch Ras-Al-Khaimah. Insgesamt leben zirka 4,3 Millionen Menschen in den VAE, davon sind ungefähr zwei Drittel Ausländer, die meisten Gastarbeiter aus Pakistan, Indien, Bangladesh und den Philippinen sowie einige Europäer, Australier und Briten.

Landessitten respektieren

Diese Kreuzfahrt führt in ein arabisches Land, in dem noch andere Sitten und Gebräuche herrschen als in Europa – der hypermodern anmutenden Hightech-Welt zum Trotz.

Die Kleidung sollte den islamischen Gepflogenheiten entsprechen: Oberarme und Knie sollten stets bedeckt sein, das gilt für Männer und Frauen gleichermaßen. Frauen müssen beim Besuch einer Moschee ihren Kopf bedecken, sodass die Haare nicht mehr sichtbar sind. Schuhe müssen am Eingang ausgezogen werden. Einige Moscheen dürfen nur in bodenlangen Umhängen (*Abbayas* oder *Dishdashas*) betreten werden, die üblicherweise am Eingang für Besucher bereitgehalten werden.

Es gibt noch immer eine starke Geschlechtertrennung. So sind Frauen und Männer insbesondere in der Moschee strikt getrennt. In einigen Restaurants haben Frauen überhaupt keinen Zutritt.

Religion

Der Islam ist die Staatsreligion, sowohl in den Emiraten als auch im Oman. Demzufolge ist der Großteil muslimisch. Die

Religion bestimmt auch noch in der heutigen Zeit das Leben der Einheimischen und sollte vom Reisenden respektiert werden.

Wirtschaft

Die VAE zählen zu den reichsten Ländern auf unserer Erde, gemessen am Pro-Kopf-Jahreseinkommen. Durch die immensen Erdölfunde in den sechziger Jahren explodierte das Einkommen enorm. Dubai avancierte zum größten Handels- und Verkehrsknotenpunkt im Mittleren und Nahen Osten. Auch als Finanzzentrum und Tourismusindustrie wurden weitere wirtschaftliche Standbeine gegründet, um nach dem Wegfall der Erdölfunde gut aufgestellt zu sein.

Gesundheitssystem

Keine Angst vor Erkrankungen: Zum einen sind keine Malaria-Vorkommnisse bekannt, zum anderen weder Ungeziefer, Seuchen noch sonstige Krankheiten. Es sind derzeit keine Impfungen nötig und die Hygiene des Landes ist weitestgehend einwandfrei. Dubai und Abu Dhabi verfügen über ein sehr gutes Gesundheitssystem mit vielen europäischen Ärzten. Vorsicht aber vor der intensiven Sonneneinstrahlung!

Geld und Preise

Gesetzliches Zahlungsmittel ist in den Vereinigten Arabischen Emiraten der Dirham. Im Oman zahlt man mit Rial. Die international üblichen Kreditkarten werden in den Hotels und den Geschäften weitestgehend akzeptiert. Auf den kleinen *Souks* kann man jedoch nur mit Bargeld bezahlen. Auf der *Aida* kann das Geld auch gewechselt werden.

Preise sind meist verhandelbar und das Feilschen gehört

zum Geschäft. Das benötigt viel Zeit und kann ein echtes Abenteuer werden. In den modernen *Shoppingmalls* findet man mittlerweile hauptsächlich *fixed prices*, also feste Preise.

Anreise

Mit durchschnittlich sechseinhalb Flugstunden und dank vieler Verbindungen mit renommierten Airlines wie Emirates, Lufthansa, Gulf Air, Etihad etc. sind Dubai und Abu Dhabi von Deutschland aus im Direktflug sehr gut erreichbar. Auch der Oman setzt immer mehr auf Tourismus und baut die Flugkapazitäten ständig aus.

Reisedokumente

Für die Einreise in die VAE und den Oman wird ein mindestens noch sechs Monate gültiger Reisepass benötigt. Das entsprechende Visum erhält der Gast bei der Einreise.

Sprache

Haupt- und Amtssprache ist Arabisch, allgemein wird im tourismus-relevanten Bereich aber Englisch gesprochen, sehr selten auch einige Worte in Deutsch.

Klima

Die angenehmste Reisezeit ist während des europäischen Winters, dann herrschen durchschnittlich angenehme 25 bis 30 Grad, wohingegen es im Sommer unerträglich heiß wird. Temperaturen über 40 Grad sind nur noch in klimatisierten Räumen erträglich. Alle Kreuzfahrten finden deshalb erst ab November bis April statt – eine ideale Reisezeit.

Die Skyline von Dubai

Dubai

Wohl kaum eine andere Stadt dieser Welt hat solch einen gigantischen Boom, ein solches Wachstum vorzuweisen wie Dubai, die Stadt der Superlative. Dubai mit 3.900 Quadratkilometern und zirka 1,5 Millionen Einwohnern ist nach Abu Dhabi das zweitgrößte Emirat der Vereinigten Arabischen Emirate. Übersetzt bedeutet Dubai »Treffpunkt«, ein passender Name in Anbetracht der herausragenden Stellung als Handels- und Tourismusmetropole der Neuzeit. War die Stadt noch vor wenigen Jahrzehnten ein weißer Fleck auf der Weltkarte mit ihren einfachen Beduinenbehausungen, so hat der Ölboom eine Hightechstadt entstehen lassen – immer höher und moderner: das zur Zeit höchste Gebäude der Welt, der *Burj Dubai*, die künstlich ins Meer gebauten Inseln *The Palm*s und T*he World*, die gigantische Erweiterung der künstlichen Marina, um nur einige zu nennen, und noch viele weitere Projekte sind geplant. Einige Planungen wurden allerdings vorerst auf Eis gelegt, denn auch hier zeigt sich die Auswirkung der Weltwirtschaftskrise.

Der *Dubai Creek* durchzieht mit einer Länge von zehn Kilometern die Stadt als natürlicher Meeresarm und teilt die Metropole in die Neustadt Deira auf der Nordostseite und in die Altstadt Bur Dubai auf der Südwestseite. Eine Fahrt mit einer *Dhow*, einem traditionellen Boot, ist ein Erlebnis, besonders zum Sonnenuntergang.

Über die Zeit vor dem Ölboom berichtet das *Dubai-Museum*, das *Diving Village* vor allem über die Perlentaucherei. Im *Heritage Village*, einem nachgebauten traditionellen Souk, werden Einblicke in das historische Kunsthandwerk und die traditionelle Hausbauweise mit den typischen Windtürmen gewährt.

Die größte Moschee in der Stadt ist die *Grand Mosque* mit ihrem über siebzig Meter hohen Minarett, den neun großen und fünfundvierzig kleinen Kuppeln mit Platz für zirka 1200 Gläubige.

Sehenswert sind die riesigen Shoppingmalls, u. a. *Mall of the Emirates*, mit dem Skidom und seinen Abfahrten im künstlichen Schnee, heruntergekühlt auf minus 3 Grad, bei einer Durchschnittsaußentemperatur von weit über 30 Grad, im Hochsommer gar von 50 Grad. Nicht nur für die Kinder bietet er einen Heidenspaß und ist oft die einzige Berührung mit Schnee in ihrem Leben. Alleine dem Treiben in den Shoppingcentern zuzusehen ist ein Erlebnis. Die angebotene Ware befindet sich oft im Luxussegment, das sich nur noch die reichen Sheikhs leisten können. Statt des Familienausflugs in die Natur geht man hier in den gut gekühlten Centern shoppen – das Familienoberhaupt im bodenlangen weißen Gewand und mit den Einkaufstüten beladen, die Frau zum Teil mit schwarzem Gewand verschleiert, die Kinder in aktueller Topdesigner-Kleidung.

Der *Goldsouk* bietet für den prallen Geldbeutel alles, was das Herz begehrt. Im *Gewürzsouk* duftet es nach allen Kräutern.

Nicht minder sehenswert sind die gigantischen Hotelkomplexe, allen voran das *Burj Al Arab*, eines der luxuriösesten Hotels der Welt im Baustil eines Segels. Eine Besichtigung ist dort allerdings nur mit Reservierung möglich. In unmittelbarer Nachbarschaft befindet sich das *Madinat,* ein Komplex mit künstlichen Wasserkanälen, ebenfalls von der Jumeirah-Kette erbaut. Oder das neu erbaute *Atlantis*-Hotel auf dem Außenring der Palmeninsel. Von dort bietet sich ein herrlicher Blick auf die Skyline der Stadt. Neben dem *Burj Dubai* wirkt alles wie im Puppenformat. Wegen seiner grazilen, schlanken Form wird er »Bleistift« genannt und ist derzeit das höchste Gebäude der Welt mit über 800 Metern.

Zum Sonnenbaden laden die weiten Sandstrände am *Jumeirah Beach* oder *Dubai Marina* ein.

Dubai, Madinat Jumeirah

Unsere Tipps:

- Ein Drink in der Bar des *Burj-Al-Arab*-Hotels zum Sonnenuntergang auf der obersten Etage
- eine *Dhow*-Fahrt auf dem *Dubai Creek*
- Besuch der weltgrößten Shoppingcenter, u.a. mit Skidom
- Besichtigung der *Palm Islands* mit Cocktailstopp im *Atlantis*-Hotel
- Besuch des *Goldsouks*

Oman

Schon im 16. Jahrhundert war der Oman wegen seiner günstigen strategischen Lage ein begehrter Ausgangspunkt für die Seefahrer. Die Portugiesen hatten ab 1507 bis ins 17. Jahrhundert hinein die Golfregion erobert und den Handel im Persischen Golf dominiert. Aus dieser Zeit stammen auch die beiden Forts Mirani und Jalali, die noch heute die Stadt Muscat zieren. Weihrauch, das hier angebaut wurde, galt wie Gold und Elfenbein als begehrtes Zahlungsmittel. Später wurde das einst reiche Land in zwei Sultanate aufgeteilt, den Oman und Sansibar, womit der wirtschaftliche Niedergang begann. Dank der Erdölfunde in den siebziger Jahren und unter der Herrschaft von Sultan Qaboos erlebte das Land wieder Öffnung und wirtschaftlichen Aufschwung. Seit 1990 hat sich der Oman auch dem Tourismus gegenüber geöffnet.

Der Oman ist heute ein eigenständiges Sultanat und gehört nicht dem Verbund der Vereinigten Arabischen Emirate an. Das Land verfügt über 1700 Kilometer Küste und eine riesige Wüste (Rub al Chali). Zum Oman gehört auch die

Muscat, Oman. Corniche die Uferpromenade

im Norden liegende Exklave Musandam, eine Halbinsel an der Straße von Hormus. Mit zirka 3 Millionen Einwohnern ist der Oman der drittgrößte Staat der Arabischen Halbinsel.

Im Nordwesten grenzt der Oman an die VAE, im Westen an Saudi-Arabien und im Süden an den Jemen. Der Hafen liegt majestätisch umringt von vulkanischen Bergen in der Hauptstadt Muscat, die mit ihren fünfzig Kilometern Küstenausdehnung eine erstaunliche Größe hat. Eines der prächtigsten Bauwerke der Stadt ist sicherlich der Sultanspalast *Al-Alam-Al-Amer*, der bereits 1971 erbaut wurde und durch seine blau und golden schimmernden Farben mit vier Säulen besticht. Sehenswert ist auch die Altstadt Muttrah mit ihrem orientalischen Souk. Hier werden in engen, überdachten Gassen Gewürze, Weihrauch, bunte Stoffe, Gold- und Silberschmuck, aber auch Haushaltswaren, Bekleidung und Spielzeug angeboten.

Im Westen der Stadt erbaute Sultan Qaboos im Jahr

2000 aus Anlass seiner dreißigjährigen Thronbesteigung die prunkvolle *Grand Mosque* und schenkte sie seinem Volk als Beweis seiner Dankbarkeit. Blitzblank strahlt der hochglanzpolierte Marmor schon im Vorhof. Eine goldene Kuppel wird von vier mächtigen Säulen im Inneren getragen, in deren Mitte ein gigantischer Kronleuchter aus Swarovski-Kristallen hängt.

Ein Ausflug in die ehemalige Hauptstadt des Omans, Nizwa, lohnt ebenfalls einen Besuch. Die Festungsanlage aus dem 17. Jahrhundert bildet das Zentrum der Stadt. Von dessen Turm überblickt man die riesige Palmenoase inmitten von Steinwüste und Geröll. Um die Festungsanlage herum gruppiert sich auch der bekannte Souk mit zirka 200 Läden, in denen noch viel Handwerkskunst und Kupferarbeiten angeboten werden.

Unsere Tipps:

- Besichtigung des *Souks* in Muttrah und der *Grand Mosque*
- Spaziergang entlang der *Corniche* bis zum Sultanspalast
- Ausflugsfahrt in die ehemalige Hauptstadt Nizwa
- Offroad-Jeeptour in die Canyonlandschaft der Wadis

Abu Dhabi, Emirates Palace

Abu Dhabi

Dieses Emirat ist das größte und dank der immensen Erdölvorkommnisse auch das reichste Emirat der Vereinigten Arabischen Emirate. Im Nordosten grenzt es an Dubai, im Westen an die Halbinsel Qatar. Es ist zugleich Verwaltungssitz sowie wirtschaftliches Zentrum sämtlicher Emirate. Im gesamten Abu Dhabi leben zirka 1,5 Millionen Einwohner, mehr als die Hälfte davon alleine in der modernen und westlich orientierten Stadt. Das Landesinnere besteht zum Großteil aus Wüstensand und Salzsümpfen.

Die wohl prächtigste Straße ist die sieben Kilometer lange *Corniche*, direkt am Wasser erbaut. Entlang dieser Flaniermeile wurden sogar versenkbare kleine Springbrunnen eingebaut, die in der Hitze für Abkühlung sorgen. Mächtig stolz ist die

Stadt auf die künstlichen Grünanlagen und Parks, die hier nur durch permanente Bewässerungen entstehen können, weshalb Abu Dhabi auch den Beinamen »Gartenstadt der Arabischen Emirate« trägt. Am westlichen Ende der *Corniche* wurde auf dem Bauschutt der abgerissenen Häuser eine kleine Landzunge angelegt, weshalb sie auch »Breakwater« (Schmutzwasser) genannt wird. Mit hellem Sand aufgefüllt und mit Palmen umsäumt, wurde das Freilichtmuseum *Heritage Village* gebaut. Von hier bietet sich wohl der schönste Blick auf die Skyline der Stadt.

Wie in allen arabischen Städten wurde, auch hier keine Kosten gescheut, prunkvolle Moscheen zu errichten, deren größte die *Sheikh-Zayed-Moschee* ist.

Das älteste Gebäude der Stadt, das *White Fort* (Weißes Fort), war Sitz der Herrscherfamilie Nahyan, die just an der Stelle das Fort erbaute, wo der Legende nach von den Bani-Yas-Beduinen einst eine Gazelle an der Süßwasserquelle entdeckt wurde. Hierher rührt auch der Name *Abu Dhabi*, der sinngemäß »Vater der Gazelle« bedeutet. Heute befinden sich in diesem Gebäude Museum und Staatsarchiv.

Das prunkvollste Gebäude der Stadt ist zur Zeit das *Emirates Palace*. Schon aus der Ferne lassen sich die 114 Kuppeln entdecken. Ursprünglich als Präsidentenpalast für repräsentative Staatsempfänge erbaut, wurde es kurzerhand zu einem Luxushotel unter Leitung der Kempinski-Gruppe und zum *International Conference Center* umgebaut. Einen Besuch wert ist es allein schon des Parks und der eigenen Marina wegen, aber auch wegen der prachtvollen Eingangshalle mit ihrer imposanten Goldkuppel.

Das zirka 148 Kilometer entfernte Al Ain, einst Wüstenoase, heute Großstadt, lohnt einen Ausflug. Hier gibt es noch einen lebendigen Tier- und Kamelmarkt sowie einen großen

Palmenhain mit Bewässerungskanälen in der Oase *Al Ain Oasis* zu besichtigen.

Unsere Tipps:

- Besuch des Luxushotels *Emirates Palace*
- Besuch des Freilichtmuseums *Heritage Village* am *Breakwater*
- Flanieren entlang der sechs Kilometer langen Uferpromenade *Corniche*
- Ein Ausflug nach Al Ain, der Wüstenoasenstadt

Bahrain

3000 Jahre vor Christus soll hier laut der sumerischen Mythologie das paradiesische Dilmun gelegen haben. Angeblich fand hier der Held Gilgamesch die Pflanze der Unsterblichkeit.

Bahrain ist heute ein Königreich mit dreiunddreißig kleinen Inseln und umfasst gerade mal knapp die Fläche Hamburgs. Die Hauptinsel hat eine Länge von 48 und eine Breite von 16 Kilometern. 1986 wurde mit der 25 Kilometer langen Brücke, dem *King Fahad Causeway*, die Anbindung an Saudi-Arabien geschaffen.

In der Hauptstadt Manama leben knapp 150.000 Einwohner von den insgesamt zirka eine Million Menschen in Bahrain.

Bahrain vermittelt zur Zeit den Eindruck, zwischen Historie und Moderne zu stehen, und wirkt bei Weitem noch nicht so mondän wie Abu Dhabi oder Dubai. In Manama betritt man durch das Bahrain-Tor, das *Bab Al Bahrain*, die traditio-

Bahrain, Moschee

nelle Altstadt und den Souk. Sehenswert ist auch das *Bahrain National Museum*, im Nordosten der Stadt, das inzwischen in neun Hallen und einem Freilichtbereich die abwechslungsreiche Geschichte und das Leben der Bahrainer im traditionellen Dorf mit seinen Handwerkern, Töpfern und Basargassen lebendig werden lässt. Im *Heritage Center* dagegen erhält der Besucher vor allem Einblick in die Perlentaucherei und Fischerei.

Die große *Al-Fateh-Moschee* bietet Platz für 5000 Menschen im Inneren und weiteren 2000 unter den Arkaden. Imposant auf einem sehr großen Gelände ragen die 70 Meter hohen Minarette in den tiefblauen Himmel. Im Inneren wirkt die Moschee eher schlicht, bis auf den überdimensionalen Kronleuchter und den italienischen Marmor, der auf knapp 3000 Quadratmetern verlegt wurde.

Wohl am bekanntesten ist Bahrain durch die legendäre

Formel-1-Rennstrecke, den *Bahrain International Circuit*, dem Stolz des Königreiches. Angeblich wurden für die 5,417 Kilometer lange Strecke 180 Millionen Dollar verbaut.

Unsere Tipps:

- Besichtigung des Nationalmuseums
- Fahrt zur Formel-1-Rennstrecke
- Besichtigung der Moschee *Al Fateh*
- Besuch des *Souks* mit dem Eingangstor *Bab Al Bahrain*

Alle Angaben ohne Gewähr!

Von Julia Manly ist außerdem erschienen:

AIDA
Kreuzfahrt mit dem Kussmund
in die kanarische Inselwelt

Ein Reiseroman mit Insider-Tipps

ISBN 978-3-8370-5853-6
Pb., farbiger Infoteil, 152 S., 16.90 €

Auch direkt bestellbar mit
persönlicher Widmung bei der Autorin:
julia-manly@kabelmail.de

Ach, wäre das schön: Eine Kreuzfahrt mit Titanic-Feeling und romantischem Sonnenuntergang auf dem endlos glitzernden Meer ... Davon träumt Karina, Mutter von zwei pubertierenden Sprösslingen, und erntet dafür im Freundeskreis und beim Göttergatten, der mehr für schweißtreibende Trekkingtouren zu begeistern ist, nichts als spöttisches Kopfschütteln. Ist so eine Luxus-Kreuzfahrt nicht eher was für Oldies und richtig gut Betuchte? Doch Karina lässt sich nicht beirren. Und dann wird ihr Traum eines Tages wahr: Mit Mann und Kids im Schlepptau checkt sie auf Teneriffa im Hafen von Santa Cruz auf der AIDA Diva ein. Es wird eine unvergessliche Reise, woran Marcello, der Aida-Radguide mit dem Luxusbody, nicht ganz unbeteiligt ist ...

„Aus den überwiegend in Teneriffa zu Papier gebrachten Tagebuchaufzeichnungen entstand ein Manuskript, das in unterhaltsamer, flotter und witziger Geschichte mit allerlei Vorurteilen aufräumt – originell, unterhaltsam und informativ."
Die Rheinpfalz